Stefan Marquard & Käpt'n Knopf

Auf die Töpfe, Leinen los!

Hapag-Lloyd
Kreuzfahrten

Große Momente. Ganz exklusiv.

Ahoi

ihr kleinen Küchen-Kapitäne, mutigen Matrosen und süßen Seebären da draußen!

Wir sind stolz, euch das welterste seetaugliche Kochbuch für kleine Feinschmecker präsentieren zu dürfen! Wir, das sind übrigens Stefan Marquard, Käpt'n Knopf und natürlich die tolle „Bärsatzung", die uns auf unserer Reise zu diesem Buch begleitet hat. Da uns aber bestimmt nicht alle kennen, stellen wir uns der Höflichkeit halber erst einmal vor:

Käpt'n Knopf

„Ahoi! Mein Name ist Knopf. Käpt'n Knopf. Ich bin der Familienkapitän von Hapag-Lloyd Kreuzfahrten und reise mit meiner Crew um die ganze Welt! Und weil ich auf meinen Schiffen EUROPA, COLUMBUS 2 und EUROPA 2 immer so schmackofatz schnabuliere, dachte ich, ich will auch mal so lecker für meine Familie und Freunde kochen. Ein Kochbuch für kleine Koch-Kapitäne und solche, die es werden wollen, musste also her!"

Stefan

„Aye Aye, ich bin Stefan und schon ziemlich lange ein wilder Kochpirat. Mit meiner Küchen-crew bin ich ständig auf Expeditionstour zu den leckersten Gerichten. Dafür reise ich auch schon mal in die entlegensten Winkel der Welt. Am spannendsten ist das mit dem Schiff, und da hatten Käpt'n Knopf und ich eine Idee: Das erste Kinderkochbuch für echte Abenteurer und Seefahrer!"

Vielleicht fragt ihr euch jetzt, wie so ein wilder Koch-Pirat und ein kuscheliger Kapitän sich eigentlich kennengelernt haben? Na ja, das ist ganz einfach. Wie ihr und eure besten Freunde haben wir dieselben Hobbys: wir essen und reisen beide unheimlich gerne. Da trifft es sich natürlich gut, dass Käpt'n Knopf Kapitän auf einem Kreuzfahrtschiff ist und Stefan ja sowieso und überhaupt ein Sterne-Koch. Es konnte also bei unserer gemeinsamen Kochreise gar nichts mehr schief gehen:

An Deck veranstalteten wir ein riesiges Labs-Chaos, zu Land kletterten wir aufs Palmenschnitzel, am Himmel sichteten wir mit unserem Fernrohr knusprige Albatrosse und aus dem Wasser fischten wir uns die süßesten Erdbeerbojen. Wie das geht, haben wir in unserem Kochbuch für kleine Koch-Kapitäne aufgeschrieben! Wir hoffen, es gefällt – und noch viel wichtiger – es schmeckt euch!

Also kleine Matrosen, volle Koch-Kraft voraus!

Euer Stefan & Käpt'n Knopf

PS: Am meisten Spaß macht es, wenn ihr zusammen mit eurer ganzen Familien-Crew kocht oder eure Freunde einladet. Und natürlich sind alle Rezepte auch für eine ordentliche Seemanns-Sause oder eure Happy-Bärsday-Party geeignet!

Inhaltsverzeichnis

An Deck

Im Wasser

Am Himmel

An Land

Bevor ihr eure Küchencrew zusammentrommelt

- Töpfe, Pfannen, Löffel, Messer & Co findet ihr bestimmt in den Schubladen und Schränken eurer Kombüse. Für die Ausstecher, die wir öfter verwenden, haben wir euch alternativ eine Seite mit Schablonen zusammengestellt (S. 92/93), damit ihr Seestern, Muschel und Co nicht erst noch kaufen müsst!

- Salz, Pfeffer, Zucker, Butter und Pflanzenöl brauchen wir für fast jedes Rezept, sie sind quasi unser Rumpf und Ruder. Versucht selbst herauszuschmecken, wie scharf, süß oder salzig ihr eure Gerichte gerne mögt und werdet mit der Zeit zu geübten Koch-Kapitänen!

- Die Zutaten, die wir verwenden, kommen zwar aus aller Welt, aber mittlerweile könnt ihr das zum Glück auch alles in eurem Supermarkt um die Ecke kaufen. Egal ob Gemüse, Obst oder Fleisch, am besten schmeckt es immer, wenn ihr frische Zutaten verwendet! Kräuter und Gewürze verleihen vielen Speisen zusätzlich tolle mediterrane oder exotische Aromen!

- Wie echte Seefahrer haben wir unseren Kompass immer mit dabei, damit er uns den Weg zu neuen Koch-Abenteuern zeigen kann! Das heißt, wenn ihr ein Wort nicht kennt, findet ihr die Erklärung bestimmt in unserem Küchenkompass auf S. 88–91. Dieses Symbol verweist euch bei manchen Begriffen direkt auf den Küchenkompass.

- Achtung, Achtung an alle erwachsenen Küchen-Kapitäne und Kapitäninnen: Lasst eure kleinen Matrosen nicht alleine kochen, sondern bleibt in der Nähe und beaufsichtigt sie. In der Küche lauern oft Gefahren durch Geräte, scharfe oder spitze Küchenwerkzeuge oder Hitze, mit denen die Kleinen erst lernen müssen, umzugehen. Gefährliche und komplizierte Handgriffe sollten deshalb nur von Erwachsenen durchgeführt werden.

An Deck

Auf unserem Schiff muss keiner rudern – Kapitäne sind alle, die den Kochlöffel lenken können. Macht euch mit uns auf die Reise zu den leckersten Gerichten von Bug, Heck und Deck!

Palsteak

Damit stecht ihr in See:

≈ 3 Karotten
≈ 300 g Spaghetti
≈ 1/4 l Milch
≈ Salz, Pfeffer, Zucker, Muskatnuss gerieben
≈ etwas Olivenöl
≈ 10 Halme Schnittlauch
≈ 4 Minutensteaks (Rind oder Schwein)

Für 4 kleine Matrosen

Babybäreneinfach

Vorsicht beim Braten und Schneiden!

Dauert etwa 25 Minuten

Ein Steak, das in den Seilen hängt? Ganz einfach: Erst schält ihr die Karotten und schneidet dann mit dem Schäler Streifen für Streifen ab, bis es nicht mehr weitergeht. Die Streifen legt ihr übereinander und schneidet sie der Länge nach in dünne Seile. Vorsicht beim Schneiden! Am besten hilft Mama oder Papa euch dabei.

Jetzt kocht ihr die Spaghetti in 2 bis 3 Litern Salzwasser, bis sie „al dente" (S. 89) sind. In dieser Zeit erhitzt ihr die Milch bei kleiner Flamme und würzt sie mit einer Prise Salz, Pfeffer, Zucker und etwas Muskat. Wichtig: Die Milch soll nicht kochen. Wenn sie heiß ist, schäumt ihr sie mit einem Zauberstab oder Schneebesen auf und stellt den „Meeresschaum" warm.

Die fertigen Spaghetti lasst ihr abtropfen und legt sie auf einen großen Teller oder ein Blech. Die Karottenseile und den Schnittlauch schmeckt ihr mit etwas Salz und Olivenöl ab und legt sie zu den Spaghetti-Seilen.

Für ein echtes Palsteak fehlen uns jetzt nur noch die Steaks! Die werden gesalzen und gepfeffert und in einer Pfanne mit Öl circa 30 Sekunden pro Seite scharf angebraten.

Richtet ein bisschen von dem Meeresschaum auf jedem Teller an und legt jeweils ein Steak darauf. Die Spaghetti dreht ihr mit den Karotten und dem Schnittlauch zu Tauen. (Wer will, kann sich natürlich auch an einem „Palstek" probieren.) Jeweils ein Spaghetti-Karotten-Tau zu den Steaks legen und fertig ist das echte und einzige Palsteak!

Wie knotet man einen richtigen Palstek?

Der Palstek ist der berühmteste Seemannsknoten der Welt und mit einem kleinen Merkspruch ganz einfach zu lernen: „Die Schlange kommt aus dem Teich, geht um den Baum herum und in den Teich wieder rein." Alles verstanden?! Na ja, so einfach ist das ganz ohne Bilder natürlich nicht. Vielleicht wollt ihr ja mal einen Blick ins Knopf-Kino werfen, da gibt es einen kleinen Film, mit dem der Palstek aber nun wirklich leicht zu lernen ist: www.kaeptnknopf.de/kino/

Kompass-Pizza

Für den Kompass-Pizzateig siebt ihr das Mehl in eine große Schüssel, drückt in die Mitte eine kleine Kuhle und zerbröckelt darin die Hefe. Gebt etwas lauwarme Milch dazu und verrührt Hefe und Milch mit ein bisschen Mehl, sodass ein Vorteig entsteht. Deckt den Vorteig ab und lasst ihn 10 Minuten gehen. Dann kommen die übrigen Zutaten dazu. Verknetet alles sorgfältig zu einem glatten Teig. Als Nächstes formt ihr zwei große Kugeln – oder vier kleine, falls jeder Matrose eine eigene Pizza belegen möchte. Dann lasst ihr die Teigkugeln etwa eine Stunde unter einem Küchenhandtuch an einem warmen Ort gehen, damit sie ihr Volumen verdoppeln. Danach rollt ihr sie mit dem Nudelholz zu flachen Pizzafladen.

Jetzt geht es ans Belegen – das macht am meisten Spaß, wenn die ganze Crew mithilft: Dafür zerdrückt ihr erst eure Pizzatomaten in einer Schüssel, würzt sie dann mit Salz, Pfeffer, Zucker und Oregano und bestreicht eure Teigfladen damit.

Die Buchstaben für Norden, Süden, Westen und Osten haben wir aus Mozzarella geschnitten – ihr könnt sie aber auch aus dünnen Schinkenstreifen oder Paprika zusammensetzen. Als Verzierung haben wir Schinken, Kapern, Mais und kleine Basilikumblätter genommen. Lecker schmeckt der Kompass aber auch mit Champignons oder Thunfisch. Was draufkommt, bestimmt ihr!

Jetzt mit der Pizza in den auf 220 °C vorgeheizten Ofen, bis sie schön knusprig ist, und … Die Nadel steht auf jeden Fall immer auf „Lecker"!

TIPP: Wenn Ihr wollt, könnt ihr auch eine Pizza-Schatzkarte backen. Dafür rollt ihr den Teig eckig auf einem Blech aus und belegt ihn nach eurem Geschmack!

Damit fahrt ihr in die richtige Richtung:

für das Gehäuse (Teig):

- 1 kg Mehl (für eine gesündere Pizza könnt ihr auch Dinkelmehl verwenden)
- 30 g Hefe
- 250 ml Wasser
- 250 ml Milch
- 4 EL Öl
- 1/2 TL Salz

für das Zifferblatt (Belag):

- 2 Dosen Pizzatomaten
- viel Käse (z. B. Gouda)
- Salz, Pfeffer, Zucker
- Oregano

Und alles was euch auf einer Pizza gut schmeckt! Wir haben Schinken, Mozzarella, Basilikum, Kapern und Mais verwendet!

Für 4 hungrige Matrosen

Babybäreneinfach

Vorsicht beim Schneiden und Backen!

Der Teig braucht etwas Zeit, ca. 1 Stunde.

Wie funktioniert ein Kompass?

Mit einem Kompass bestimmt der Kapitän die Himmelsrichtung. Kompasse funktionieren ganz ohne Strom und sind deswegen noch heute auf Schiffen wichtig. Sie helfen dem Kapitän, sich auch ohne technische Navigationsgeräte orientieren zu können. Damit ihr euch die Himmelsrichtungen Norden, Osten, Süden und Westen merken könnt, hilft euch dieser Satz, der auch fürs Kochen ganz wichtig ist: Niemals Ohne Seife Waschen.

Piratenohrringe

Zuerst wascht ihr die Tintenfischtuben gründlich von innen und außen ab und tupft sie trocken. Die geputzten Tintenfischtuben schneidet ihr in Ringe und würzt sie mit Salz und Pfeffer. Lasst in einer Pfanne Öl heiß werden und bratet die Tintenfischringe darin knapp 2 Minuten an.

Die angebratenen Ringe wälzt ihr nun in den verschiedenen Schälchen mit Sesam, Gartenkräutern, Curry und Co. Wenn ihr etwas davon nicht gerne mögt, lasst ihr es einfach weg. Fertig ist der Tintenfisch-Snack! Wer will, kann ein paar von den Ringen auch in Semmelbröseln panieren und anschließend kurz frittieren!

In unserem Beispiel haben wir noch eine Hängebrücke aus Ananas gebaut und die Piratenohrringe dazwischen an einen Schaschlik-Spieß gehängt. Genauso gut könnt ihr die Ringe in eine Käpt'n-Knopf-Tüte (S. 91) legen und unterwegs essen.

TIPP: Dazu passen gut unsere Dips (S. 86/87), und auch Kartoffelchips schmecken prima dazu.

Damit schmückt sich der Pirat:

- ca. 300 g frische Calamaretti (Tintenfischtuben), küchenfertig
- Salz, Pfeffer
- Öl zum Braten

je 1 Schälchen:

- schwarzer Sesam
- gehackte Gartenkräuter
- milder Curry
- Zimt
- Paprika
- abgeriebene Zitronenschale
- evtl. Semmelbrösel

Und was ihr an Kräutern und Gewürzen sonst noch gerne mögt!

Für 2 kleine Matrosen

Babybäreneinfach

Vorsicht beim Schneiden und Braten!

Dauert nur 15 Minuten

Ruderboot in blauer Kartoffelsuppe

Das Boot schnitzt ihr aus einer großen Süßkartoffel. Jeder Kapitän schnitzt natürlich sein Lieblingsboot. Stefan hat zum Beispiel ein Ruderboot mit zwei Sitzkammern gebastelt – vielleicht mögt ihr aber lieber ein Kreuzfahrtschiff oder einen Fischkutter.

Das fertige Boot gebt ihr in einen Topf mit heißem, aber nicht kochendem Wasser (circa 80 °C) und etwas Salz und lasst es ziehen, bis es gar ist. Überprüft das vorsichtig mit einer kleinen Gabel.

Für die blaue Suppe müssen dann alle Matrosen an Bord – wie früher in der Kombüse – ordentlich Kartoffeln schälen. Aber keine Sorge, zusammen macht das Spaß! Nach dem Schälen spült ihr die Kartoffeln ab, viertelt sie und würzt sie mit Salz, Pfeffer und Muskatnuss.

Jetzt schneidet ihr die Zwiebel in feine Würfel und schwitzt sie mit etwas Öl in einem großen Topf an. Das Stück Bauchspeck legt ihr darauf und lasst es mitschwitzen. Nach etwa 5 Minuten gebt ihr die Kartoffeln dazu und gießt mit Brühe auf. Jetzt können die Kartoffeln circa 20 Minuten vor sich hin kochen, bis sie weich sind. Danach fischt ihr den Bauchspeck aus der Brühe und schneidet ihn in kleine Würfel. Zum Schluss noch die Sahne in die Suppe geben, alles nochmals kurz aufkochen und mit dem Zauberstab schön glatt pürieren.

Die Suppe und die Speckwürfel auf die Teller verteilen und euer Boot zu Wasser lassen!

Damit rudert ihr los:

für die Boote:
≈ 4 Süßkartoffeln
≈ Salz

für die blaue Suppe:
≈ 500 g blaue Kartoffeln
≈ Salz, Pfeffer
≈ etwas Muskatnuss, gerieben
≈ 1 Zwiebel
≈ etwas Öl
≈ 80 g Bauchspeck
≈ 3/4 l Brühe
≈ 200 ml Sahne

Für 4 kleine Matrosen

Vorsicht beim Schnitzen und Kochen!

Dauert etwa 45 Minuten

Der Papa allen Gemüses ...

Die Kartoffel kommt ursprünglich aus Südamerika und heißt dort „Papa". Im 16. Jahrhundert haben sie spanische Seefahrer von ihren Entdeckungsreisen mit nach Europa gebracht. Schnell wurde sie zu einem wichtigen Grundnahrungsmittel und wird gerade bei uns in Deutschland gerne gegessen. Wusstet ihr, dass es weltweit über 4.000 unterschiedliche Kartoffelsorten gibt? Sie bestehen zu 77 % aus Wasser und haben viele gesunde Inhaltsstoffe wie Vitamine und Stärke, die wichtig für den Körper sind. Und obendrein schmecken sie auch noch lecker ...

Frikassee „Volles Kanonenrohr“

Zuerst bereitet ihr eure Kochzutaten vor: Schält die Zwiebel, spült sie ab und schneidet sie in kleine Würfel. Den Schinken schneidet ihr in dünne Streifen. Die Garnelen und den Lachs spült ihr ab, und – falls nötig – befreit ihr die Garnelen von ihrer Schale. Den Fisch und die Garnelen schneidet ihr in daumendicke Würfel.

Jetzt geht's ans Kochen: Lasst die Butter in einer großen Pfanne schmelzen und gebt die Zwiebelwürfel hinein. Nur kurz glasig schwitzen, dann kommen die Sahne und der Schmand dazu. Alles kurz aufkochen lassen und schon können auch der Schinken und die Erbsen in die Pfanne. Alles nochmals kurz aufkochen und dann bei kleiner Flamme ein paar Minuten vor sich hin köcheln lassen. Zum Schluss kommen noch die Garnelen- und Fischwürfel dazu, die etwa 5 Minuten mitziehen dürfen. Alles mit Salz, Pfeffer, Zucker und ein bisschen Muskatnuss würzen. Schon fertig!

Als Beilage schmecken dazu Makkaroni besonders gut. Kocht sie einfach nach Packungsanleitung „al dente“ (➤ S. 89). Wenn ihr die gerade nicht im Haus habt, gehen natürlich auch andere Nudeln, Reis oder Kartoffeln!

Volles Kanonenrohr lecker!

Damit zündet ihr die Kanone:

- 1 kleine Zwiebel
- 50 g gekochter Schinken
- 4 Garnelen
- 200 g Lachs
- 40 g Butter
- 100 g Sahne
- 100 g Schmand
- 60 g Tiefkühl-Erbsen
- Salz, Pfeffer
- Zucker
- etwas Muskatnuss, gerieben
- 300 g Makkaroni

Für 4 kleine Matrosen

Babybäreneinfach

Vorsicht beim Braten und Schneiden!

Dauert etwa 30 Minuten

Mettungsring auf Salatbrötchen-Bötchen

Für das Salatbrötchen-Bötchen wascht ihr den Salat und lasst ihn gut abtropfen. (Wenn ihr eine Salatschleuder habt, könnt ihr auch die benutzen!) Dann schneidet ihr den Salat in mundgerechte Blätter. Für die Seemannsbrause (Dressing) verquirlt ihr einfach alle oben angegebenen Zutaten in einer kleinen Schüssel. Halbiert jetzt die Brötchen und verteilt schon einmal den Salat darauf.

Als Nächstes schneidet ihr die Zwiebel und die Paprika in kleine Würfel und dünstet sie in einer Pfanne mit Olivenöl an, bis sie außen leicht braun werden.

Das Hackfleisch für den Mettungsring füllt ihr in eine große Schale und verknetet es sorgfältig mit dem Ei, den Zwiebeln, der Paprika, den Cornflakes und den Gewürzen.

Formt jetzt die Masse in gleichmäßige Kugeln, so wie ihr es von Frikadellen, Buletten, Fleischpflanzerl oder Fleischküchle kennt. Bohrt mit dem Zeigefinger ein Loch in die Mitte, sodass ein Ring daraus wird. Lasst dann das Öl in einer Pfanne heiß werden und bratet eure Mettungsringe, bis sie von beiden Seiten knusprig braun sind.

Schneidet die Lauchzwiebel in dünne Streifen und bratet sie im Öl der Frikadellen 1 Minute an. Verziert eure Mettungsringe mit jeweils 4 Lauchstreifen wie Rettungsringe.

Zum Schluss setzt ihr den Mettungsring auf das Salatbrötchen-Bötchen und garniert es mit der Seemannsbrause oder einem Dip eurer Wahl von S. 86/87.

Mhmm, bei so viel Wasser, wie euch da im Mund zusammenläuft, braucht ihr den Mettungsring auch sicher ganz dringend!

Damit gerät euer Hunger in Not:

für das Salatbrötchen-Bötchen mit Seemannsbrause (Dressing):

- 1/2 Kopf Eisbergsalat
- 5 EL Mineralwasser
- 5 EL Olivenöl
- 5 EL Essig
- etwas Senf, mittelscharf
- jeweils 1 Prise Salz, Pfeffer und Zucker
- verschiedene Brötchen (am besten Vollkorn)

für den Mettungsring:

- 1 große Gemüsezwiebel
- 1 rote Paprika
- 500 g Hackfleisch
- 1 Ei
- 80 g Cornflakes, zerstoßen
- etwas Salz, Pfeffer, Zucker und Paprikapulver
- Öl
- 1 Lauchzwiebel zum Verzieren

Für 4 kleine Matrosen

Babybäreneinfach

Vorsicht beim Schneiden und Braten!

Dauert etwa 25 Minuten

Fleischpflanzerl, Bulette oder Frikadelle?

Nicht nur in anderen Ländern sprechen die Menschen fremde Sprachen. Auch innerhalb Deutschlands haben die Menschen manchmal unterschiedliche Bezeichnungen für Dinge, vor allem wenn es ums Essen geht. Bestes Beispiel: das Fleischklößchen. Von Norden nach Süden gibt es unzählige Begriffe: Während die einen „Bulette" oder „Frikadelle" sagen, nennen es die anderen „Fleischküchle" und die nächsten „Fleischpflanzerl". Und was sagt ihr dazu?

Bärenstarkes Logbuch

Damit stecht ihr in See:

- 4 gehäufte EL Mehl
- 2 TL Zucker
- 1 Prise Salz
- 250 ml Milch
- 3 Eier
- 1 EL Kakao (für Schoko-Crêpes)
- Butter zum Braten
- Obst/Früchte eurer Wahl
- Marmelade, Honig, Nutella nach Wunsch

Für 4 kleine Matrosen

Vorsicht beim Schneiden und Backen!

Süßseespeise

Dauert etwa 30 Minuten

Die Seiten eures Logbuchs bastelt ihr aus Crêpes. Dafür füllt ihr das Mehl, den Zucker und das Salz in eine große Schüssel und rührt nach und nach die Milch ein. Danach fügt ihr die Eier hinzu (Vorsicht mit der Eierschale!) und verrührt alles mit einem Schneebesen zu einem schönen glatten Teig.

Schöpft eine Suppenkelle von eurem Teig ab, füllt ihn in eine separate kleine Schüssel und rührt einen EL Kakao unter. Diese Crêpe wird zum Schluss gebraten, sie ist euer Buch-Deckel!

Jetzt mit etwas Butter eine Crêpe nach der anderen in einer mittelgroßen Pfanne braten. Dazu eine halbe Kelle Teig in die Pfanne geben und die Pfanne schwenken, damit sich der Teig schön verteilt. Wenn der Teig auf der Unterseite fest wird, könnt ihr die Crêpes wenden. Ihr könnt ja mal ein bisschen üben, je dünner sie sind, desto „französischer" werden sie. Wenn die Crêpes eine goldbraune Farbe haben und am Rand ein kleines bisschen knusprig sind, sind sie am leckersten. Alle fertigen Crêpes stapelt ihr erst einmal auf einem separaten Teller.

Bevor ihr mit der Schoko-Crêpe für euren Buchdeckel beginnt, füllt ihr den Rest des weißen Teigs (das, was ihr normalerweise heimlich aus der Schüssel kratzt) in eine kleine Spritztüte (◀ S. 91). Dann kommt der Schoko-Crêpesteig in die Pfanne. Nach dem Wenden in der Pfanne, schreibt ihr mit der Spritztüte „Logbuch" darauf. Wenn in eurer Spritztüte noch Teig übrig ist, könnt ihr den Schokoteig noch weiter verzieren. Nun legt ihr auch diese Crêpe ganz oben auf den Stapel heller Crêpes.

Wenn alle Crêpes glatt übereinanderliegen, schneidet ihr sie so zurecht, dass ein Rechteck wie für ein Buch entsteht. Mit den abgeschnittenen Crêpesstücken könnt ihr den Buchrücken und Verzierungen basteln.

Schneidet jetzt das Obst und die Früchte in kleine Stücke und dekoriert euer Logbuch, z. B. lässt sich aus einem Stück Apfelschale ein Lesezeichen basteln.

TIPP: Die Seiten des Logbuchs können mit verschiedenen Dingen gefüllt werden, z. B. Zimt, Marmelade, Honig, Nutella, Obst etc.

Wir sind schon gespannt, was es in eurem Logbuch alles Leckeres zu lesen gibt!

Was schreibt der Kapitän in sein Logbuch?

Jeder echte Kapitän hat ein Logbuch. Das ist eine Art Tagebuch, in dem er alle wichtigen Beobachtungen auf See aufschreibt. Falls es mal zu unvorhergesehenen Ereignissen kommt, kann man hier nachsehen, woran das lag. Käpt'n Knopf hat natürlich auch ein Logbuch. In dem schreibt er über seine Abenteuer auf hoher See, in fernen Ländern und was sonst noch so alles passiert. Schaut doch mal rein unter: www.kaeptnknopf.de/spielkiste/logbuch/.

Labs-Chaos

Für das süße Spiegelei verrührt ihr die Sahne, den Vanillezucker und drei Blätter eingeweichte Gelatine (◄ S. 89). Legt 4 kleine Untertassen mit Klarsichtfolie aus und gießt jeweils eine kleine Portion auf die Untertassen, sodass sich die weiße Creme schön darauf verteilt. Das Ganze stellt ihr für etwa 1 Stunde in den Kühlschrank, damit es fest wird. Für das Eigelb halbiert ihr die Physalis und legt jeweils eine Hälfte auf das Sahne-Eiweiß, solange es noch nicht ganz fest ist.

Für unser originales Labs-Chaos kocht ihr die Milch mit der aufgeschlitzten Vanilleschote, dem Honig und dem Salz auf mittlerer Stufe auf und gebt die Rote Bete dazu. Als Nächstes den Milchreis zufügen, den ihr circa 15 Minuten vor sich hin köcheln lasst. Ab und zu umrühren – und falls der Milchreis zu trocken wird, einfach noch ein bisschen Milch zugeben.

Die Essiggurken bastelt ihr aus einer Kiwi, die ihr zu Fächern schneidet. Der Hering wird aus einer Banane hergestellt. Dafür schmelzt ihr Butter in einer Pfanne und gebt Zucker hinzu. Darin bratet ihr die Banane, bis sie schön goldgelb ist.

Zum Schluss die Rote Bete aus dem Milchreis nehmen. Dann richtet ihr alles nach Lust und Laune auf Tellern an. Chaos kann ja so gut schmecken!

Damit wird's labs-chaotisch:

für das Mini-Spiegelei:
- 100 ml Sahne
- 20 g Vanillezucker
- 3 Gelatineblätter
- 2 Physalis

für das Labs-Chaos:
- 250 ml Milch
- 1 Vanilleschote
- 2 EL Honig
- 1 Prise Salz
- 100 g Rote Bete, grob gewürfelt
- 250 g Milchreis

für Gurke und Hering:
- 1 Kiwi
- 1 Banane
- jeweils 1 EL Butter und Zucker

Für 4 kleine Matrosen

Vorsicht beim Schneiden und Backen!

Süßseespeise

Braucht etwas Zeit, ca. 1 Stunde

„Das is mir labs!"

Habt ihr schon mal echtes Labskaus gegessen? Die Zutaten Pökelfleisch, Kartoffeln und eingelegte Rote Bete wurden nicht so schnell schlecht und waren deshalb für lange Seefahrten guter Proviant. Da die meisten Matrosen schlechte Zähne hatten, vermischte der Schiffskoch, die Zutaten zu einem leicht essbaren Brei. Deshalb behaupten auch viele, dass das Wort aus dem Norwegischen von „leicht zu Kauendes" stammt. Unser süßes Labskaus ist auch leicht zu kauen, aber lange halten wird es sich sicher nicht, weil kleine Matrosen es immer ganz schnell und ratzeputz aufessen, oder?

Schoko-Kreuzfahrtschiff

Wie beim Bau eines echten Kreuzfahrtschiffs beginnt ihr mit dem Schiffsrumpf aus Mürbeteig. Und dafür heißt es erst einmal: Kneten, kneten, kneten! Zuerst sind Butter, Puderzucker, das Eigelb, Vanillemark, abgeriebene Zitronenschale und das Salz dran: Das alles vermengt ihr zu einer glatten Masse.

Dann siebt ihr Mehl und Speisestärke, vermischt beides und gebt es nach und nach zur Teigmasse. Verknetet alles zu einem streuselartigen Teig, aus dem ihr zum Schluss eine feste, glatte Teigkugel formt. Wickelt sie in Frischhaltefolie und legt sie mindestens eine halbe Stunde in den Kühlschrank.

Wenn der Teig fest genug ist, könnt ihr ihn auf einer bemehlten Fläche etwa 1 cm dick ausrollen. Daraus schneidet ihr einen Schiffsumriss. Der Umriss sieht ein bisschen aus wie ein Oval, nur dass er hinten eckiger ist, so wie auf dem Foto. Legt ihn vorsichtig auf ein Backblech mit Backpapier. Der Rumpf muss jetzt bei 160 °C für circa 20 Minuten in den vorgeheizten Backofen, bis er schön goldbraun aussieht.

Den abgekühlten Teig bestreicht ihr mit der Zartbitter-Kuvertüre, die ihr vorher im Wasserbad geschmolzen habt (S. 91) und klebt die verschiedenen Früchte mit der flüssigen Schokolade an.

In unserem Beispiel haben wir das Deck aus dem Fruchtfleisch einer Wassermelone gebaut, für die Bullaugen Kiwis genommen und einen kleinen Anker aus einer Orange gelichtet. Verziert wurde alles mit kleinen Erdbeerstückchen. Die Schornsteine wurden aus Bananen gebaut, die wir mit Honig bestrichen, mit Sesam paniert und zum Schluss goldbraun ausgebacken haben. Natürlich könnt ihr auch andere Früchte verwenden oder aus dem restlichen Mürbeteig noch kleine Kekse backen, mit denen ihr das Schiff verziert.

Na dann: Volle Naschkraft voraus!

Damit stecht ihr in See:

für den Schiffsrumpf:

- 125 g Butter
- 60 g Puderzucker
- 1 Eigelb
- 1/2 Vanilleschote
- etwas abgeriebene Zitronenschale
- 1 Prise Salz
- 160 g Weizenmehl
- 20 g Speisestärke
- Mehl zum Ausrollen
- 50 g Zartbitter-Kuvertüre

für das Deck:

- 1/4 Wassermelone
- 1 Kiwi
- 1 Orange
- 2 Erdbeeren
- 60 g rote Johannisbeeren oder andere Früchte, die euch gut schmecken

für die Schornsteine:

- 1 große Banane
- 2 EL Honig
- 100 g Sesam

Ergibt 1 Kreuzfahrtschiff für 4 kleine Matrosen

Vorsicht beim Schneiden und Backen!

Süßseespeise

Braucht etwas Zeit, ca. 90 Minuten

Käpt'n Knopfs Schiffe

„Diese Schiffe sind mein Zuhause! Wenn ich zu den Korallenriffen oder Eisbergen möchte, muss ich nicht mal meine Koffer packen. Hier gibt es viel zu erleben – bei jedem Wetter und jedem Wellengang. Auf www.kaeptnknopf.de/Schiffe/ könnt ihr mal schauen, was es alles zu entdecken gibt!"

Im Wasser

Schwimmen im Roten Meer und Tauchen im Pazifischen Ozean machen einen Bärenhunger. Zum Glück fühlen wir uns in der Kombüse wie Fische im Wasser...

Cressi

Forellenfilet „Moby Dick"

Um euren eigenen Moby Dick zu bauen, schneidet ihr die Schwanzstücke der Forellenfilets ab und würfelt sie ganz klein. So entsteht ein Tatar (◄ S. 91), das ihr mit Salz, Pfeffer, Zucker und Zitronensaft würzt.

Mit den beiden Filets baut ihr ein Sandwich, verteilt das Tatar dazwischen und würzt dann den ganzen Fisch nochmals mit Pfeffer und Salz.

Jetzt geht es ans Formen: Dafür lasst ihr den Blätterteig auftauen. Dann rollt ihr die beiden Platten einzeln dünn aus, legt auf eine das Forellensandwich und bestreicht den Rand mit Eigelb. Dann legt ihr die zweite Platte darauf, formt einen Fisch und schneidet die überstehenden Ränder ab. Daraus könnt ihr mit kleinen Kreisförmchen Schuppen ausstechen, die ihr mit Eigelb anklebt. Vor dem Backen pinselt ihr den Teig rundherum mit Eigelb ein. Dann schiebt ihr euren Moby Dick in den auf 220 °C vorgeheizten Ofen. Nach 10 Minuten schaltet ihr den Ofen auf 160 °C herunter.

TIPP: Wenn ihr merkt, dass die Schwanzflosse zu braun wird, umwickelt ihr sie vorsichtig mit etwas Alufolie. Vorsicht, heiß!

Für den Meeresgrund putzt ihr die Champignons, entfernt dann den Strunk und schneidet sie in circa 1/2 cm dicke Scheiben. Dann spült ihr die Tomaten ab und würfelt sie. Die Zwiebeln schält ihr und schneidet sie ebenfalls in feine Würfel. Zum Schluss hackt ihr die Gartenkräuter schön fein. Als Erstes bratet ihr die Champignons in einer Pfanne mit Öl an und stellt sie dann auf einem Teller beiseite. In der gleichen Pfanne bratet ihr die Zwiebeln glasig, gebt dann die Tomatenwürfel und ganz zum Schluss nochmals die Champignons dazu. Mit Salz, Pfeffer und etwas Zucker abschmecken.

Wenn euer Moby Dick goldbraun gebacken ist, richtet ihr alles zusammen auf einem Teller oder einer Platte an und angelt euch das beste Stück!

Damit angelt ihr euch einen Moby Dick:

für Moby Dick:

≈ 2 Forellenfilets ohne Haut
≈ Salz, Pfeffer
≈ Zucker
≈ Zitronensaft
≈ 2 Scheiben Tiefkühl-Blätterteig
≈ 1 Eigelb

für den Meeresgrund:

≈ 300 g Champignons
≈ 2 kleine Tomaten
≈ 1 große Zwiebel
≈ 2 EL Gartenkräuter (z. B. Schnittlauch, Petersilie)
≈ Sonnenblumenöl
≈ Salz, Pfeffer
≈ Zucker

Ergibt 1 Moby Dick für 4 kleine Matrosen

Babybäreneinfach

Vorsicht beim Schneiden und Braten!

Braucht etwas Zeit, ca. 1 Stunde

„Man nenne mich Ishmael."

Eigentlich ist Moby Dick ein Wal, bekannt ist er aber wie ein bunter Hund. Das kommt daher, dass ihn der Schriftsteller Herman Melville schon vor 161 Jahren im gleichnamigen Roman verewigt hat. Darin jagt der böse Kapitän Ahab Moby Dick. Am Ende gewinnt der weiße Pottwal den Kampf und bringt das Expeditionsschiff zum Kentern. Der einzige Überlebende des Schiffes war der Matrose Ishmael, der die Geschichte erzählt und sie mit dem berühmten Satz „Man nenne mich Ishmael" beginnt.

Korallenriff auf Meeresgrund

Für das Korallenriff und seine Bewohner schneidet ihr den Blumenkohl und den Broccoli in kleine Röschen und schnitzt aus den Karotten kleine Fische oder was ihr sonst noch so in eurem Korallenriff entdecken möchtet (Schablonen S. 92/93).

Für den Meeresgrund wird Risotto gekocht. Das ist nicht ganz so einfach und ihr braucht ein bisschen Puste beim Rühren. Dafür schmeckt es aber nachher umso leckerer! Zuerst schält ihr die Zwiebel und schneidet sie in feine Würfelchen. Stellt dann zwei Töpfe auf den Herd. In einem kleineren setzt ihr die Brühe auf und lasst sie vor sich hinköcheln. In einem anderen, etwas größeren Topf erhitzt ihr ein bisschen Öl und schwitzt darin die Zwiebelwürfelchen an. Gebt den Risottoreis dazu und würzt mit einer kräftigen Prise Salz. Jetzt könnt ihr die Hitze ein wenig herunterdrehen und eine ungeschälte Knoblauchzehe, die ihr vorher einmal kräftig angedrückt habt, mit in den Topf werfen.

Sobald sich die Zwiebel goldbraun verfärbt hat, wird der Reis mit der Apfelschorle abgelöscht. Der Reis muss nun komplett einkochen, bis kaum noch Flüssigkeit im Topf bleibt. Wenn die Flüssigkeit so gut wie verschwunden ist, gebt ihr eine Kelle heiße Brühe zum Reis und rührt gut um. Diesen Vorgang wiederholt ihr immer wieder. Wichtig ist, dass ihr ständig rührt, der Reis die Flüssigkeit gut aufnimmt und dabei nicht anbrennt. Lasst euch hier ruhig von Mama oder Papa helfen. Sie können euch auch sagen, wann das Risotto fertig ist.

Setzt einen weiteren Topf mit einer guten Prise Salz, Zucker und einem halben Glas Wasser auf. Kurz bevor das Risotto fertig ist, könnt ihr den Broccoli und den Blumenkohl in den Topf mit Wasser geben und 3 Minuten garen lassen. Ganz zum Schluss dürfen auch die Karottenfische noch ein kurzes Bad im heißen Wasser nehmen, bevor ihr dann alles abtropfen lasst.

Damit taucht ihr zum Riff:

≈ 1/2 Kopf Blumenkohl
≈ 1/2 Kopf Broccoli
≈ 3 Karotten
≈ 1 kleine Zwiebel
≈ 1 l Gemüse- oder Hühnerbrühe
≈ etwas Öl
≈ 250 g Risottoreis
≈ Salz
≈ 1 Knoblauchzehe
≈ 1 Glas Apfelschorle
≈ Zucker
≈ etwa 100 g Parmesan, fein gerieben
≈ 50 g Butter
≈ Pfeffer

Für 4 kleine Matrosen

Für geübte Koch-Kapitäne

Vorsicht beim Schneiden und Kochen!

Braucht etwas Zeit, ca. 1 Stunde

Wenn euer Risotto schön sämig ist, nehmt ihr es vom Herd und fischt die Knoblauchzehe heraus. Jetzt ist das Werk fast vollbracht: Rührt nun noch den Parmesan (Kleine Käsefans nehmen viel Parmesan!) und die Butter unter, würzt ein wenig mit Pfeffer und verteilt den Meeresgrund zusammen mit seinen Bewohnern auf den Tellern.

Zum Eintauchen lecker!

Kunterbunter Meeresgrund

Ein Riff ist eine Ansammlung von vielen verschiedenen Korallen tief unter der Meeresoberfläche. Um die schönsten Korallenriffe zu sehen, müsst ihr mit dem Schiff bis nach Australien, Asien oder Amerika reisen. Aber zum Glück macht Reisen ja auch viel Spaß. Und es lohnt sich, denn in den farbenfrohen Riffen gibt es viele exotische und lustige Fische zu entdecken.

Satter Seestern

Dieser Seestern hat es faustdick hinter den Spitzen! Für das Kartoffelpüree schält ihr die Kartoffeln, schneidet sie in Stücke und kocht sie etwa 20 Minuten in Salzwasser.

Während die Kartoffeln kochen, wird das restliche Gemüse vorbereitet: Würfelt erst die Tomaten. Dann entkernt ihr die Chili-Schote und würfelt sie ganz fein. Wichtig: Danach sofort Hände, Brett und Messer gründlich waschen und nicht ans Auge fassen. Die Rosmarinnadeln und Thymianblättchen zupft ihr von den Zweigen und hackt sie ebenfalls ganz fein. Die Knoblauchzehe schält ihr nicht, dafür drückt ihr diese etwas an. Als Letztes spült ihr die Zitrone heiß ab, tupft sie trocken und reibt etwas von der Zitronenschale ab.

Zum Braten erhitzt ihr etwas Olivenöl in einer Pfanne und dünstet die Tomaten darin an. Würzt sie mit Salz, Zucker, Chili, Rosmarin und Thymian und gebt die angedrückte Knoblauchzehe dazu. Alles gut umrühren, mit ein bisschen Olivenöl und abgeriebener Zitronenschale verfeinern und bei geringer Hitze vor sich hin köcheln lassen.

Die Kartoffeln sind mittlerweile bestimmt schon weich gekocht. Testet das einfach mit einer Gabel. Ihr könnt dann das Wasser abgießen und die Kartoffeln zu Brei stampfen. Wenn alles schön weich ist, gebt ihr den Schmand oder Sauerrahm dazu und schmeckt alles mit Muskat und vielleicht noch etwas Salz und Pfeffer ab.

Als Nächstes spült ihr den Fisch ab, tupft ihn mit Küchenkrepp trocken und würfelt ihn grob. Die Fischwürfel gebt ihr in eine Schüssel und würzt sie mit Salz und Pfeffer. Dann presst ihr die Zitrone darüber aus. Zum Schluss gebt ihr eure gehackten Kräuter zum Fisch und mischt alles gut durch. Der Fisch wird jetzt auf der Tomatenpfanne verteilt. Setzt einen Deckel drauf und lasst alles kurz aufkochen.

Damit füttert ihr euren Seestern:

für das Kartoffelpüree:

≈ 500 g Kartoffeln
≈ 1 kleiner Becher Schmand oder Sauerrahm
≈ Muskat
≈ Salz, Pfeffer

für das Fischragout:

≈ 4 mittelgroße Tomaten
≈ 1/2 Chilischote, entkernt und gewürfelt
≈ je 1 Rosmarin- und Thymianzweig
≈ 1 Knoblauchzehe
≈ 1 Zitrone, unbehandelt
≈ etwas Olivenöl
≈ Salz
≈ Zucker
≈ 400 g gemischter, küchenfertiger Fisch, z. B. Garnelen, Lachsfilet, Rotbarschfilet und Tintenfisch
≈ je 1/2 Bund Petersilie, Dill und Basilikum, fein gehackt
≈ Pfeffer
≈ 1 Zucchini
≈ evtl. etwas Paprikapulver

Für 4 kleine Matrosen

Für geübte Kochkapitäne

! Vorsicht beim Schneiden, Kochen und Backen!

Dauert etwa 40 Minuten

Damit das Fischragout (S. 90) schön bunt wird, fehlt jetzt nur noch eine Zucchini, die ihr in feine Scheiben schneidet und in die Pfanne gebt. Danach wird die Hitze ganz heruntergedreht und alles kann zugedeckt nochmals 5 Minuten ziehen.

In der Zwischenzeit könnt ihr schon mal euren Seestern „malen“. Füllt dafür das Kartoffelpüree in eine Spritztüte (S. 91) und spritzt auf eure Teller eine kräftige, sternförmige Umrandung. Wenn ihr wollt, könnt ihr sie noch mit ein wenig Paprikapulver bestreuen. In der Sternmitte verteilt ihr euer Fischragout.

Und jetzt wird aus einem satten Seestern ganz schnell ein satter Seemann!

Relachs

Zuerst spült ihr die Karotten und den Lauch ordentlich ab und schält dann mit einem Gemüseschäler Streifen für Streifen ab, bis es nicht mehr weitergeht. Dann würzt ihr alle Streifen mit etwas Salz und Pfeffer und lasst sie knapp 1 Minute in etwas heißem Wasser garen.

Nun wird entspannt eine Hängematte gebaut. Dafür nehmt ihr den Lauch und die Karottenstreifen, schneidet sie seitlich noch gerade nach und legt sie im Wechsel übereinander auf die Teller. Wer mag, kann aber auch irgendein Fantasiemuster legen!

Die Stelen für die Hängematte baut ihr aus den Kartoffeln. Dafür schält ihr die Kartoffeln und schneidet Rechtecke heraus. Ihr braucht 2 Rechtecke pro Hängematte, sie müssen aber nicht ganz so groß sein wie auf unserem Foto. Am oberen Ende des Rechtecks schneidet ihr mittig noch jeweils ein Dreieck heraus. Hier werden später die Spaghetti- oder Karottentaue für die Hängematte durchgezogen.

Die Kartoffelrechtecke lasst ihr mit etwas Salzwasser 10 Minuten im zugedeckten Topf garen, danach bratet ihr sie in einer Pfanne mit Öl knusprig braun fertig. Die Taue flechtet ihr aus Spaghetti vom Vortag oder dünnen Karottenstreifen. Pro Tau braucht ihr etwa 3 Spaghetti oder Karottenstreifen.

In der Zwischenzeit den Backofen auf 70 °C vorheizen. Für die Kräuterbutter spült ihr die Kräuter gut ab, tupft sie mit Küchenkrepp trocken und hackt sie dann ganz fein. Den Knoblauch schält ihr nicht, dafür quetscht ihr ihn kurz an. Gebt den Knoblauch, die Kräuter und die Butter in einen Topf und lasst alles bei mittlerer Hitze zerlaufen.

Damit geht's ab in die Hängematte:

für den (Re)Lachs:

≈ 2 Karotten
≈ 2 Stangen Lauch
≈ Salz, Pfeffer
≈ 2 bis 4 große Kartoffeln
≈ etwas Öl
≈ Spaghetti vom Vortag oder Karottenstreifen
≈ 4 Lachsfilets
≈ 1/2 Bund Schnittlauch, in feinen Röllchen
≈ 400 g Mais

für die Kräuterbutter:

≈ je 3 EL Petersilie, Rosmarin, Basilikum oder andere Gartenkräuter
≈ 1 Knoblauchzehe
≈ 200 g Butter

Für 4 kleine Matrosen

! Vorsicht beim Schneiden und Braten!

Dauert etwa 45 Minuten

- Die Lachsfilets würzt ihr in der Zwischenzeit mit etwas Salz und bratet sie in einer Pfanne mit Öl auf der Hautseite kurz an. Danach legt ihr den Fisch auf einen Teller oder ein Blech und träufelt etwas Kräuterbutter darüber. Gebt das Ganze jetzt für 12 Minuten in den vorgeheizten Ofen. So wird der Fisch auch von innen schön gegart. Die restliche Kräuterbutter (die Knoblauchzehe vorher herausnehmen) vermischt ihr mit dem Mais, den Schnittlauchröllchen und einer Prise Salz.

- Nachdem die Kartoffeln fertig gebraten sind, könnt ihr die Taue durch die kleinen Dreiecke der Kartoffeln ziehen und die Stelen auf die Teller legen. Den Mais verteilt ihr wie Kieselstrand um die Hängematte. Wenn der Fisch fertig gegart ist, setzt ihr ihn in die Mitte der Hängematte und … RELACHSEN!

Ralle die Qualle

Damit schwimmt Ralle:

- 500 g Tiefkühl-Rahmspinat
- 3 Karotten
- 1 Zucchini
- Salz, Pfeffer
- Zucker
- Olivenöl
- Saft von 1/2 Limette
- 100 g Glasnudeln
- 4 Lasagneplatten (wenn möglich frisch, nicht getrocknet)
- 1 Zwiebel
- 1 Knoblauchzehe
- 1 TL Butter
- etwas Muskatnuss, gerieben

Ergibt 4 Ralle-Quallen für 4 kleine Matrosen

Babybäreneinfach

Vorsicht beim Schneiden und Kochen!

Dauert etwa 30 Minuten

Während der Tiefkühlspinat für Ralles Tentakel in der Mikrowelle oder in einem Topf bei geringer Hitze auftaut, kümmert ihr euch um das restliche Gemüse.

Dafür schält ihr von einer der Karotten feine Streifen ab (mit dem Gemüsesparschäler). Diese Streifen legt ihr übereinander und schneidet sie mit dem Messer längs in noch dünnere Fäden. Lasst euch am besten von Mama oder Papa dabei helfen. Das Gleiche macht ihr mit der Schale der Zucchini. Legt die Gemüsestreifen beiseite.

Den Rest der Zucchini schneidet ihr in Scheiben und würzt sie mit Salz, Pfeffer und Zucker. Die übrigen Karotten raspelt ihr fein und mischt sie mit Salz, Pfeffer, Zucker, Olivenöl und einem Spritzer Limettensaft. Das wird das Innere für den Quallenkopf.

Die Glasnudeln lasst ihr kurz in heißem Wasser 1 Minute quellen. Achtung, nicht kochen! Danach fischt ihr sie mit einem feinen Sieb heraus und füllt sie in eine Schale. Jetzt dürfen die Zucchinischeiben und Karottenraspel 3 Minuten im heißen Nudelwasser schwimmen. Dann ebenfalls herausnehmen.

Die Lasagne-Platten rollt ihr hauchdünn aus und lasst sie für circa 30 Sekunden im Nudelwasser ziehen. Danach breitet ihr sie auf einem Brett aus und gebt jeweils eine kleine Menge der Karotten-Zucchini-Mischung in die Mitte der Platte.

Damit die Tentakel von Ralle besonders lecker werden, schwenkt ihr sie im Spinat. Dafür schneidet ihr zuerst die Zwiebel in kleine Würfel, erhitzt in einem Topf etwas Öl und dünstet sie darin an. Drückt die Knoblauchzehe ungeschält an und gebt sie zusammen mit 1 Teelöffel Butter, etwas Muskat, Salz, Pfeffer und Zucker mit in den Topf. Schwitzt alles nochmals an, und sobald die Zwiebel sich leicht braun anfärbt, gebt ihr die Hälfte des aufgetauten Spinats und die Glasnudeln dazu. Alles vorsichtig durchrühren.

Jetzt kommen die Glasnudeln mit Spinat und die Karotten- und Zucchinistreifen als Quallen-Tentakel auf den Teller. Die Lasagneplatte mit den Karotten legt ihr zu einem Säckchen zusammen und platziert sie als Kopf. Das Gesicht könnt ihr wie Stefan mit Gemüse legen oder mit etwas Ketchup aufmalen und mit eurem restlichen Spinat „Algen“ um Ralle herumgießen.

Fertig ist Ralle die Qualle!

Auf Floß geht's los!

Die Stämme eures Floßes bestehen aus lecker gewürztem Hackfleisch in Crêpes-Rollen. Gebt Hackfleisch, Zwiebel, Petersilie, Gewürze, Ei und Semmelbrösel in eine große Schüssel und knetet alles kräftig durch, bis eine gleichmäßige Fleischmasse entsteht.

Die Crêpes bereitet ihr wie auf S. 22 beschrieben zu, nur lasst ihr den Kakao und die Früchte weg. Die goldgelben Crêpes breitet ihr auf einem Teller aus. Für jede Crêpes-Rolle nehmt ihr etwas Hackfleisch und legt es in einem schmalen Streifen mittig auf die Crêpe und rollt sie ein. Fertig ist euer erster Floßstamm! Pro Floß braucht ihr etwa 5 Crêpes-Rollen. Die Crêpes-Rollen verteilt ihr auf einem Backblech und schiebt sie bei 160 bis 180 °C für circa 15 Minuten in den vorgeheizten Ofen.

In der Zwischenzeit macht ihr euch an die schnelle Tomatensauce. Dafür schält ihr die Schalotten und schneidet sie in feine Würfel. Lasst euch beim Schälen und Schneiden ruhig von einem Erwachsenen helfen.

Dann erhitzt ihr das Olivenöl in einer Pfanne und schwitzt die geschälten Schalotten und die gewürfelten Tomaten darin an. Jetzt noch die Gewürze und die abgeriebene Zitronenschale dazu und alles bei geringer Hitze 15 Minuten dünsten lassen. Dann gebt ihr die Masse (Vorsicht, lasst sie vorher ein bisschen abkühlen!) in einen hohen Behälter und mixt sie mit dem Zauberstab schön durch, bis die Sauce schön glatt ist.

Damit baut ihr euer Floß:

für das Floß:
- 200 g Hackfleisch (Schwein oder Rind)
- 1 kleine Zwiebel, fein gewürfelt
- 1 EL Petersilie, fein gehackt
- Salz, Pfeffer
- Zucker
- 1 Ei
- 1 EL Semmelbrösel
- 2 Frühlingszwiebeln

für die Tomatensauce:
- 50 g Schalotten
- 40 g Olivenöl
- 300 g Kirschtomaten, gewürfelt
- Salz, Pfeffer
- Zucker
- Abrieb von 1 unbehandelten Zitrone
- evtl. Basilikum

für den Crêpes-Teig:
siehe S. 22 (Bärenstarkes Logbuch)

Ergibt 2 Floße für 4 kleine Matrosen

Vorsicht beim Schneiden und Braten!

Dauert etwa 35 Minuten

- Für euren Floßbau schneidet ihr die grünen Enden der Frühlingszwiebeln der Länge nach in feine „Seile“. Legt jetzt 3 bis 5 Rollen zusammen und bindet sie mit euren Seilen zusammen.

- Aus den Teigresten der Crêpes könnt ihr das Segel basteln, das ihr mit den härteren, hellgrünen Teilen der Frühlingszwiebel befestigt. Die Crêpe für das Segel mit wenig Öl knusprig braten, damit das Segel stabil ist. Jetzt noch alles mit der Tomatensauce beträufeln und ab ins Wasser. Nein, in den Mund!

Bunte Seefahrer-Lasagne

Nach den Abenteuern auf See ist eine deftige Fischlasagne genau das Richtige!

Für das Sahnegemüse putzt und schält ihr die Karotten, Zwiebeln und Zucchini und schneidet sie in kleine Würfel. Die Petersilie spült ihr ab und hackt sie fein. Den Parmesan hobelt ihr in kleine Späne. In einem Topf erhitzt ihr die Butter und schwitzt das Gemüse darin an. Würzt mit etwas Salz, Pfeffer und Zucker. Gebt jetzt die Petersilie, die Sahne und den Parmesan dazu und lasst alles bei schwacher Hitze vor sich hin köcheln. Immer wieder umrühren, damit nichts anbrennt.

In der Zwischenzeit wascht ihr die Tomaten, achtelt sie und püriert sie im Mixer mit den übrigen Zutaten zu einer glatten Masse. Dann schneidet ihr den geputzten und gewaschenen Chinakohl klein, gebt ihn kurz in heißes Wasser und holt ihn nach 20 Sekunden mit einem Schaumlöffel heraus. Den abgetropften Kohl vermischt ihr mit der Hälfte der Tomatenmasse.

Für den Fisch zuerst den Ofen auf 120 °C vorheizen. Dann schneidet ihr das abgespülte Lachsfilet in kleine, dünne Scheiben und vermischt es in einer Schüssel sorgfältig mit den übrigen Zutaten. Verteilt den gewürzten Fisch dann auf einem Blech mit Backpapier und gart ihn 3 Minuten im Ofen.

Zum Schluss bereitet ihr die Lasagneplatten vor: Dafür schneidet ihr die frischen Lasagneplatten als Fisch zu. Gebt die Teigplatten für 30 Sekunden in viel heißes (nicht kochendes) Wasser und legt sie dann am besten einzeln auf Backpapier, damit sie nicht verkleben.

Der Kahn ist nun schon fast in ruhigen Gewässern – jetzt heißt es nur noch schichten, schichten und nochmals schichten!

Damit stecht ihr in See:

für das Sahnegemüse:
- 2 Karotten
- 2 Zwiebeln
- 2 Zucchini
- 1/4 Bund glatte Petersilie
- 100 g Parmesan
- 2 EL Butter
- Salz, Pfeffer
- Zucker
- 200 ml Sahne

für die Tomatensauce:
- 2 Tomaten
- 1/4 Chilischote (milde Sorte), entkernt
- 3 EL Olivenöl
- Salz, Pfeffer
- Zucker

für den Fisch:
- 400 g Lachsfilet
- Salz, Pfeffer
- 2 EL Olivenöl
- 1/4 Bund Dill, fein gehackt
- 1/4 Bund glatte Petersilie, fein gehackt
- 1/2 Limette, unbehandelt

außerdem:
- 200 g Chinakohl
- 250 g Lasagneplatten (10 Stück), am besten aus frischem Nudelteig (◁ S. 90)

Von unten nach oben verteilt ihr auf zwei Stapel: die gesamte Chinakohl-Tomatenmischung – je 1 Lasagneplatte – 1/3 Sahnegemüse – je 1 Lasagneplatte – die Hälfte vom Fisch – je 1 Lasagneplatte – die Hälfte der Tomatensauce – je 1 Lasagneplatte – 1/3 Sahne-Gemüse – restlicher Fisch – restliche Tomatensauce – je 1 Lasagneplatte – restliches Sahnegemüse und puh: Fertig geschichtet!

Jetzt muss die Seefahrer-Lasagne nur noch 5 Minuten in den auf 150 °C vorgeheizten Ofen und die hungrige Bärsatzung muss nicht mehr lange warten!

Ergibt 2 Fischlasagnen für 4 kleine Matrosen

Für geübte Kochkapitäne

! Vorsicht beim Schneiden, Kochen und Backen!

Braucht etwas Zeit, ca. 1 Stunde

Fish & Chips

Für eure Fish-Nuggets schneidet ihr als Allererstes das Fischfilet in daumendicke Würfel und würzt sie dann mit Salz und Pfeffer. Dann wälzt ihr einige der Fish-Nuggets in den Cornflakes, einige in Semmelbröseln und einige in Müsli. Ganz so, wie sie euch am besten schmecken! Danach erhitzt ihr in einer hohen Pfanne viel Öl. Vorsicht, nicht verbrennen! Mit einem Holzstab könnt ihr prüfen, ob das Öl schon heiß genug ist. Dann steigen nämlich kleine Bläschen am Holz hoch. Im heißen Öl backt ihr die Fish-Nuggets, bis sie rundum goldbraun und knusprig sind. Mit Zitrone beträufeln und ... Hmm, lecker!

Für die Chips schrubbt ihr die Kartoffeln gründlich ab, schneidet sie in circa 1 cm dicke Scheiben und legt sie auf einem Küchentuch trocken. Dann backt ihr die Kartoffelscheiben goldgelb in einer Pfanne mit viel Öl aus. Zwischendrin immer wieder wenden, salzen und pfeffern, und alles ab in die Tüte! Einen leckeren Dip dazu könnt ihr euch auf S. 86/87 aussuchen!

Eine Fish & Chips-Tüte zu basteln ist nicht schwer, Spaß macht es aber umso mehr! Ihr bastelt sie einfach wie eine Spritztüte (➤ S. 91), nur dass ihr jeweils zwei Bögen Butterbrotpapier nehmt, damit sie stabiler und fettdicht ist. Natürlich schneidet ihr auch kein kleines Loch in die Spitze – schließlich wollt ihr ja nichts von euren leckeren Fish & Chips verlieren! Die Sticker von unserer Fish & Chips-Tüte findet ihr auf *www.kaeptnknopf.de.*

Damit angelt ihr euch Fish & Chips:

für den Fisch:

≈ 700 g Fischfilet (z. B. Schellfisch oder Kabeljau)
≈ Salz, Pfeffer
≈ 100 g Cornflakes
≈ 100 g Semmelbrösel
≈ 100 g Müsliflocken (Es dürfen ruhig auch Rosinen mit drin sein!)
≈ viel Pflanzenöl zum Ausbacken
≈ etwas Zitronensaft

für die Chips:

≈ 8 große Kartoffeln
≈ viel Pflanzenöl zum Ausbacken
≈ Salz, Pfeffer

Für 4 hungrige Matrosen

Babybäreneinfach

Vorsicht beim Schneiden und Braten!

Dauert etwa 30 Minuten

Das kommt mir in die Tüte!

Der allererste Fish & Chips-Imbiss wurde 1860 im Londoner Stadtteil East End eröffnet. Hier haben die Verkäufer die leckeren Stückchen zum besseren Transport noch in Zeitungen eingewickelt. Weil die Leute aber irgendwann keine Lust mehr auf Druckerschwärze an ihrem Fisch hatten, werden Fish & Chips heute in unbedruckten Tüten serviert – und die gibt es in England an fast jeder Ecke!

Sturmflut mit Erdbeerbojen

Für eure reißenden Wellen schlagt ihr die Eiweiße halbsteif und gebt nach und nach den Zucker und eine Prise Salz hinzu. Noch ein bisschen weiterschlagen, und wenn alles schön fest ist, den Zitronensaft hineintröpfeln.

Jetzt spritzt ihr mit einer Spritztüte (S. 91) das Eiweiß wellenförmig auf ein Backblech mit Backpapier und lasst es bei 90 °C im vorgeheizten Ofen circa 1 Stunde backen.

Für das rote Meer weicht ihr erst einmal die Gelatineblätter in Wasser ein (S. 89). In der Zwischenzeit füllt ihr die Erdbeeren in einen Mixer, gebt Zucker, Salz und das ausgekratzte Vanillemark hinzu und püriert alles zu einem glatten Brei. Schlagt jetzt die Sahne steif und stellt sie kurz zur Seite.

Die aufgeweichte Gelatine nehmt ihr aus dem Wasser und löst sie bei schwacher Hitze eventuell mit 1 bis 2 EL Flüssigkeit in einem kleinen Topf auf. Die Gelatine nicht kochen! Nehmt den Topf vom Herd, damit sie nicht zu heiß wird. Dann nehmt ihr 5 EL von der Erdbeermasse ab und rührt sie in die aufgelöste Gelatine. Jetzt könnt ihr das Gelatinegemisch zusammen mit dem Schmand unter die gesamte Erdbeermasse rühren. Zum Schluss hebt ihr die geschlagene Sahne unter, verteilt euer rotes Meer auf einem großen Teller oder einem Blech und stellt es mindestens 30 Minuten in den Kühlschrank.

Nun schmelzt ihr die Kuvertüre im Wasserbad (S. 91). Die abgespülten und geputzten Erdbeeren taucht ihr bis zur Hälfte in die flüssige Schokolade. Zum Festwerden der Schokolade legt ihr die Erdbeeren am besten mit der schokofreien Seite auf ein Backpapier.

Inzwischen dürften die Baiser-Wellen fertig sein. Holt sie vorsichtig mit Küchenhandschuhen aus dem Ofen. Lasst euch am besten dabei helfen, damit ihr euch nicht verbrennt!

Damit geht es in die Fluten:

für die Wellen (Baisermasse):
- 4 Eiweiße
- 80 g Zucker
- 1 Prise Salz
- 1 Spritzer Zitronensaft

für das rote Meer (Erdbeermousse):
- 3 Blatt Gelatine
- 200 g Erdbeeren
- 100 g Zucker
- 1 Prise Salz
- 1 Vanilleschote
- 150 g Schmand
- 250 g Schlagsahne

für die Erdbeerbojen:
- ca. 100 g Kuvertüre
- 10 Erdbeeren
- eventuell Minzblättchen

Für 4 hungrige Matrosen

Süßseespeise

Vorsicht beim Schneiden und Backen!

Dauert etwa 30 Minuten

Wenn das „Rote Meer“ schon etwas fest ist, legt ihr darauf nebeneinander die abgekühlten Wellen und schiebt die Erbeerbojen dazwischen. Wenn ihr wollt, könnt ihr jede Erdbeerboje noch mit einem Minzblättchen verzieren. Alles nochmals in den Kühlschrank zum Festwerden – und jetzt:

Stürzt euch in die Wellen!

Erdbeere = Nuss?!

Hättet ihr gedacht, dass die Erdbeere eigentlich eine Nuss ist? Aber es stimmt! Die kleinen gelben Punkte, die ihr auf den Erdbeeren sehen könnt, sind die eigentlichen Früchte. Den roten Teil bezeichnet man daher als Sammelnussfrucht, weil er die vielen kleinen Früchte auf sich trägt. Damit ist es auch nicht mehr verwunderlich, dass Menschen mit einer Nussallergie oft auch Erdbeeren nicht so gut vertragen können. Zum Glück gibt es noch viele andere leckere Beeren auf der Welt!

Aquarium

Für euer Aquarium gebt ihr zuerst die Milch in einen Topf und fügt den Zucker, die Zimtstange (brecht sie vorher einmal durch), die längs aufgeschlitzten Vanilleschoten, das ausgekratzte Vanillemark und den Sternanis hinzu. Kocht die Milch unter Rühren auf, lasst sie kurz bei geringer Hitze ziehen und nehmt dann die Gewürze mit einer Schaumkelle heraus. Lasst euch am besten von Mama oder Papa dabei helfen!

Von der Milch nehmt ihr 4 EL ab. Gebt die Speisestärke in eine Tasse und rührt nach und nach die Milch ein. Die Milch-Mondamin-Mischung könnt ihr nun vorsichtig mit der restlichen Milch im Topf verrühren. Durch das Mondamin wird die Milch jetzt dick und cremig. Die angedickte Milch lasst ihr bei geringer Hitze noch 10 Minuten vor sich hin köcheln und rührt sie ab und zu mal um.

Als Nächstes schneidet ihr die Melone in dicke Scheiben. Eure Ausstechförmchen verteilt ihr auf der Melonenscheibe und drückt sie fest ein, dann könnt ihr sie ausstechen. Wer keine Ausstecher hat, nimmt die Schablonen von S. 92/93, paust sie ab und schneidet die Formen mit einem Messer entlang der Kante aus.

Jetzt legt ihr auf jeden Teller eine Melonenscheibe und füllt den Vanillepudding in die ausgestochenen Flächen. Die Tierfigürchen könnt ihr als Dekoration um die Melone verteilen. Fertig, jetzt dürft ihr euer Aquarium auslöffeln!

TIPP: Mit etwas Marmelade, Kuvertüre oder Nutella und einer Spritztüte (S. 91) lassen sich tolle Gesichter auf den Pudding malen!

Damit baut ihr euer Aquarium:

≈ 1 l Milch
≈ 70 g Zucker
≈ 1 Zimtstange
≈ 2 Vanilleschoten
≈ 1 Sternanis
≈ 80 g Speisestärke (z. B. Mondamin)
≈ 1 Wassermelone
≈ evtl. Kuvertüre oder Marmelade zum Verzieren

Für 4 kleine Matrosen

Babybäreneinfach

Vorsicht beim Schneiden und Kochen!

Süßseespeise

Dauert etwa 30 Minuten

Eisberge im blauen Meer

- Dieses Rezept ist wirklich babybäreneinfach! Für das blaue Meer füllt ihr die Blaubeeren, den Zucker und den Zitronensaft in ein hohes Gefäß und mixt sie mit dem Zauberstab oder dem Handmixer ordentlich durch. Dann verteilt ihr das blaue Meer auf tiefe Teller.

- Das Eiweiß schlagt ihr in einer Schale steif und lasst nach und nach den Zucker einrieseln. Zum Schluss tröpfelt ihr ein bisschen Zitronensaft in das aufgeschlagene Eiweiß.

- Setzt jetzt heißes Wasser auf. Nehmt mit einem Esslöffel ovale Kugeln vom Eiweiß ab und legt sie kurz in das heiße Wasser. Wichtig: Das Wasser darf nicht kochen, die Eisberge sollen im Wasser nur ziehen, damit sie nicht schmelzen!

- Jetzt ab damit in die Blaubeersuppe, und Achtung, leckerer Eisberg voraus!

TIPP: Schmeckt auch prima mit anderen Beeren!

Damit stecht ihr in See:

für das blaue Meer:
≈ 500 g Blaubeeren
≈ 100 g Zucker
≈ Saft von 1/2 Zitrone

für die Eisberge:
≈ 2 Eiweiße
≈ 50 g Zucker
≈ 5 Tropfen Zitronensaft

Für 4 kleine Matrosen
Babybäreneinfach
Vorsicht beim Kochen!
Süßseespeise
Dauert nur 15 Minuten

Am Himmel

Der Himmel zeigt uns Seefahrern, in welche Richtung wir fahren müssen – und was es heute zu schnabulieren gibt! Schaut mal ganz genau durchs Fernrohr, dann seht ihr es ...

KÄPT'N KNOPF

Albatross

Für den Albatross, den größten Seevogel der Welt, spült ihr zunächst die Hühnerbrüste und die Hähnchenflügel ab und tupft sie mit Küchenkrepp trocken. Mit etwas Salz und Pfeffer würzen. Stellt den Backofen schon mal auf 175 °C ein.

Bratet die Hühnerbrüste und die Flügel in einer Pfanne mit Öl von beiden Seiten bei mittlerer Hitze 3 bis 4 Minuten an und schiebt das Fleisch dann in den vorgeheizten Ofen. Dreht es nach 15 Minuten einmal um und lasst es dann nochmals 10 Minuten weiter braten.

Für die kleinen Fische schält ihr die Karotten, schneidet sie in dünne Scheiben und dann in die richtige Form (Schablonen S. 92/93). Jetzt werden die Zuckerschoten, die Tomaten und die Frühlingszwiebeln gewaschen. Von den Frühlingszwiebeln schneidet ihr ein paar kurze Ringe ab, den Rest schneidet ihr in längere, schmale Stückchen. Dann gebt ihr das gesamte Gemüse (auch die Karotten-Fischchen) in einen Topf.

Würzt alles mit Salz, Pfeffer und Zucker, gebt die Butter und 3 EL Wasser dazu und lasst es zugedeckt bei starker Hitze circa 3 Minuten garen (S. 89).

Wenn die Hähnchenflügel schön knusprig sind, könnt ihr anfangen eure Albatrosse zu bauen: Die Hühnerbrüste werden zum Körper, an die ihr jeweils eine Tomate als Kopf und die Hähnchenflügel als Flügel anlegt. Außerdem braucht der Albastross ein Federkleid, das ihr aus den Zuckerschoten legt. Die Frühlingszwiebelringe werden seine Augen und die längeren Stücke sein Schnabel.

Guten Flug!

Damit fliegt euer Albatross:

- ≈ 4 Hühnerbrüste
- ≈ 8 Hähnchenflügel
- ≈ Salz, Pfeffer
- ≈ etwas Öl
- ≈ Karotten
- ≈ 400 g Zuckerschoten
- ≈ 4 kleine Kirschtomaten
- ≈ 2 Frühlingszwiebeln
- ≈ Zucker
- ≈ 1 EL Butter

Für 4 hungrige Matrosen

Babybäreneinfach

Vorsicht beim Schneiden, Braten und Backen!

Braucht etwas Zeit, ca. 45 Minuten

Fernrohr

Geflügel in Sicht! Das Innere eures Fernrohrs wird mit einer leckeren Hühnchen-Mischung gefüllt. Dafür spült ihr das Hühnerbrustfilet kalt ab, tupft es mit Küchenkrepp trocken und würfelt es. Würzt es mit etwas Salz, Pfeffer, Zucker und abgeriebener Orangenschale. Erhitzt in einer Pfanne etwas Olivenöl und bratet die Fleischwürfel darin rundherum etwa 4 Minuten gut an. Dann könnt ihr den Herd ausschalten und die Pfanne abgedeckt beiseite stellen. So kann das Fleisch in der eigenen Hitze noch etwas nachgaren.

Die Avocado halbiert ihr vorsichtig und nehmt den Kern heraus. Das Fruchtfleisch löst ihr vorsichtig mit einem Löffel heraus, dann würfelt ihr es und vermischt es mit dem Schnittlauch, Basilikum, Pfeffer, Salz und Zucker in einer großen Schale. Am Ende wird alles mit dem Hühnchen, der gewürfelten Wassermelone und 2 EL Olivenöl vermischt.

Für die Verkleidung des Fernrohrs verteilt ihr eure Hühnchen-Mischung länglich auf einem Wirsingblatt und rollt es zu einem Zylinder. Je nachdem wie lang euer Fernrohr werden soll, braucht ihr 3 bis 5 solcher Rollen, die ruhig unterschiedlich dick sein können. Legt die fertigen Rohre aneinander auf ein Blech. Diese verbindet ihr mit Ringen, die ihr aus Karotten schneidet. Dafür putzt und wascht ihr die Karotte und schneidet sie längs in dünne, gleichmäßige Streifen.

Das fertige Fernrohr kommt für 10 Minuten in den auf 160 °C vorgeheizten Ofen. Zum Servieren beträufelt ihr alles mit ein bisschen Olivenöl und Orangensaft. Und jetzt könnt ihr beobachten, wie es sich eure Familien-Crew schmecken lässt!

Damit guckt ihr in die Ferne:

- ≈ 300 g Hühnerbrust
- ≈ Salz, Pfeffer
- ≈ Zucker
- ≈ 1 Orange, unbehandelt
- ≈ Olivenöl
- ≈ 1 Avocado
- ≈ 1/4 Bund Schnittlauch, in Röllchen
- ≈ 6 Basilikumblätter, gehackt
- ≈ 200 g Wassermelone, gewürfelt
- ≈ 3 bis 5 Wirsingblätter in verschiedenen Großen
- ≈ 1 Karotte

Ergibt 1 großes Fernrohr für 2 hungrige Matrosen

! Vorsicht beim Schneiden und Braten!

Dauert etwa 30 Minuten

Schaut fern!

Bestimmt habt ihr schon einmal durch ein Fernrohr geguckt, um etwas in der Ferne zu vergrößern. Habt ihr auch schon mal ausprobiert, von der falschen Seite hindurchzugucken? Dann wirken die Dinge weiter entfernt. Vor allem für Kapitäne sind Fernrohre äußerst hilfreich, um Felsen oder andere Hindernisse rechtzeitig ausmachen zu können.

Kunterbunter Papagei

Schneidet eure kunterbunte Gemüseauswahl nach Lust und Laune in Streifen, Würfel oder Dreiecke. Das Gemüse gebt ihr anschließend in einen Topf mit Wasser und kocht alles einmal auf. Den Herd abschalten und das Gemüse noch 1,5 bis 2 Minuten ziehen lassen.

Das gegarte Gemüse müsst ihr nun nur noch auf einem Teller oder Blech verteilen, mit ein bisschen Salz und Pfeffer würzen und daraus einen großen, kleinen, dicken oder dünnen Papagei legen – ganz einfach so, wie er euch am besten gefällt! Aye, Aye, Papagei!

TIPP: Ihr könnt den Papageien auch kalt als Rohkostplatte essen. Dazu empfehlen Stefan und Käpt'n Knopf die Seemannsbrause (S. 20) oder einen Dip von S. 86/87!

Harr, Harr, Harr!

Eine ältere Dame kommt in eine Zoohandlung und schaut sich die Tiere an. Vor dem Papageienkäfig bleibt sie stehen und fragt: „Na, du kleiner bunter Vogel, kannst du auch sprechen?"

Darauf der Papagei: „Na, du alte Krähe, kannst du auch fliegen?"

Damit fliegt euer Papagei:

≈ Euer Lieblingsgemüse!
≈ Salz, Pfeffer

Zum Beispiel wie auf dem Foto für die Federn:
1 Lauchstange
2 Karotten
Schnittlauch
1 Zucchini

für den Körper:
1 Kohlrabi
1 grüne Paprika

für die Krallen:
Wintersalat

für den Schnabel:
2 Peperoni

für das Auge:
1 Physalis

Ergibt 1 Papagei für 2 kleine Matrosen

Babybäreneinfach

Vorsicht beim Schneiden und Kochen!

Dauert nur 15 Minuten

Himmlische Hühnernuggets

Hühner können zwar nicht gut fliegen, aber diese Nuggets schmecken einfach himmlisch! Spült das Geflügelfilet unter kaltem Wasser ab und schneidet es in mundgerechte Würfel. Wascht die Limette heiß ab und tupft sie trocken. Danach reibt ihr die Limettenschale ab und presst die Frucht aus.

Dann würzt ihr die Fleischwürfel mit Salz und Pfeffer und vermischt es in einer großen Schüssel mit dem Limettensaft und der abgeriebenen Limettenschale. Wenn ihr Zeit habt, könnt ihr das schon eine halbe Stunde vorher machen, dann kann der säuerliche Geschmack schön einziehen.

Die zwei Eier schlagt ihr in einer Schüssel auf, fügt die Sahne hinzu und verquirlt alles ordentlich mit einer Gabel. Gebt auch das Mehl in eine Schüssel. Die Cornflakes füllt ihr in einen Gefrierbeutel, den ihr dann mit einem Nudelholz bearbeitet, um die Cornflakes zu zerbröseln. Vermischt die Cornflakesbrösel in einer weiteren Schüssel mit dem Paniermehl.

Danach wälzt ihr die Fleischwürfel nacheinander erst im Mehl, dann in der Eiersahne und zum Schluss in der Panade aus Paniermehl und Cornflakes.

Eure Nuggets sind nun fast fertig, sie müssen jetzt nur noch vergoldet werden: Dafür gebt ihr sie in eine Pfanne mit viel Öl oder in eine Fritteuse und backt sie rundherum, bis sie goldbraun und knusprig genug sind. Vorsicht, verbrennt euch nicht am heißen Fett!

Euren Lieblings-Dip findet ihr auf S. 86/87. Wir haben unsere Nuggets in den Südstaatendip und die Klabautersauce getaucht.

Damit lernen Hühner fliegen:

≈ 400 g Geflügelfilet
≈ 1 Limette, unbehandelt
≈ Salz, Pfeffer
≈ 2 Eier
≈ 4 EL Sahne
≈ 1 Schale Dinkel- oder Weizenmehl
≈ 1 Schale Paniermehl und Cornflakes (ungezuckert)
≈ Öl zum Frittieren

Für 4 kleine Matrosen

Babybäreneinfach

Vorsicht beim Schneiden und Frittieren!

Dauert nur 20 Minuten

Sternenhimmel im Fischernetz

Für den Sternenhimmel nehmt ihr euer Lieblingsgemüse, würzt es mit Salz und Pfeffer und schneidet es in dünne Scheiben. Dann stecht ihr mit verschiedenen Sternen- und Bärenförmchen Figuren aus und wälzt diese in den Semmelbröseln. (Wenn ihr keine Ausstecher habt, benutzt einfach die Schablonen auf S. 92/93). Als winzige Leuchtpunkte am Himmel könnt ihr auch noch kleine Maiskörner in den Semmelbröseln wälzen – ausstechen müsst ihr hier natürlich nichts!

Jetzt geht es ans Frittieren: in einer mittelgroßen Pfanne erhitzt ihr das Sonnenblumen- oder Palmöl und gebt die panierten Gemüsestücke hinein. Ab und zu wenden, bis die Sterne goldbraun leuchten. Aber Vorsicht mit dem spritzenden Fett!

Besonders guten „Kleber" für euer Fischernetz bekommt ihr, wenn ihr den Orangensaft mit Honig, Olivenöl, Limettensaft, Salz und Zucker verrührt und alles auf 100 ml reduziert (S. 91).

Für die Stricke des Fischernetzes übergießt ihr die Glasnudeln mit kochendem Wasser und lasst sie 10 Minuten im heißen Wasser quellen. Danach die Nudeln in einem Sieb abtropfen lassen und mit dem angerührten „Kleber" marinieren (S. 90).

Jetzt könnt ihr die Nudeln wie ein Netz auf euren Tellern ausbreiten und die Sterne, Maiskörner und die Bären darauf verteilen. Ui, ein toller Fang!

TIPP: Die passenden Dips zu eurem Sternenhimmel findet ihr auf S. 86/87! Wir empfehlen besonders Rotes-Meer-Tunke!

Damit schaut ihr in den Sternenhimmel:

für den Sternenhimmel:
- 500 g frisches Gemüse, z. B. Karotten, Mais, Kartoffeln, Pilze, Süßkartoffeln, Zucchini, Blumenkohl, Brokkoli
- Salz, Pfeffer
- 100 g Semmelbrösel
- Sonnenblumen- oder Palmöl zum Frittieren

für das Fischernetz:
- 200 ml Orangensaft
- 30 g Honig
- 3 EL Olivenöl
- Saft von 1/2 Limette
- Salz
- Zucker
- 200 g Glasnudeln

Für 3 bis 4 kleine Matrosen

Babybäreneinfach

Vorsicht beim Schneiden und Frittieren!

Dauert nur 15 Minuten

Im Himmel steppt der Bär!

Schon die alten Griechen kannten den „Großen Bären", eines der bekanntesten Sternenbilder auf der Welt. Es heißt so, weil – verbindet man alle Sterne mit einander – es auch ein bisschen aussieht wie ein Bär. Wenn man genau hinsieht, sogar ein bisschen wie ein ganz bestimmter Kuschelkapitän ...

Wursthorizont

Jetzt geht's um die Wurst am Himmel! Für den Horizont schneidet ihr die große Fleischwurst in zwei Hälften und entfernt die Enden. Schneidet kleine Dreiecke aus der Wurst heraus. Legt die Wurstdreiecke beiseite und legt die gezackte Wursthälfte halbkreisförmig auf die Teller (wie auf dem Foto). Die Sonne bastelt ihr aus der Schale einer Orangenscheibe und einem kreisrunden Stück Paprika.

Für den Wurstsalat schneidet ihr die Wurstdreiecke und die Wurstenden in schmale Streifen. Gebt die Tomatenwürfel und die Lauchzwiebelstreifen hinzu.

Für die Vinaigrette verrührt ihr alle Zutaten, schmeckt sie mit Salz, Pfeffer und Zucker ab und vermischt den Wurstsalat damit. Wer mag, kann noch kleine Bäumchen aus Gurke und Schnittlauch zurechtschneiden.

TIPP: Dazu schmeckt Vollkornbrot mit Meersalzbutter besonders gut!

Damit seht ihr den Horizont:

für den Horizont:

≈ 1 Ring Fleischwurst (ca. 500 g)
≈ 4 Orangenscheiben
≈ 1/2 Paprika, rot
≈ 4 kleine Tomaten, fein gewürfelt
≈ 1 Lauchzwiebel, in feinen Streifen
≈ evtl. Gurke und Schnittlauch

für die Vinaigrette:

≈ 100 ml Malzbier (z. B. Karamalz)
≈ 1 TL mittelscharfer Senf
≈ 50 ml Weißweinessig
≈ 100 ml Pflanzenöl
≈ Salz, Pfeffer, Zucker

Für 4 kleine Matrosen

Babybäreneinfach

Vorsicht beim Schneiden!

Dauert nur 10 Minuten

Coco Loco

COCO LOCO! Das heißt „Verrückte Kokosnuss“ und dafür braucht ihr – na logisch! – als Allererstes Kokosnüsse.

Beim Halbieren hilft euch Mama oder Papa. Haltet die Kokosnuss über ein Waschbecken und schlagt vorsichtig mit der spitzen Seite eines Hammers rundherum an der dicksten Stelle der Nuss. Jetzt lässt sich die Nuss einfach in zwei Hälften brechen. Die Kokosnusshälften sind später unsere Suppenschalen für das Coco Loco. (Ihr könnt die Kokosnuss vorher auch anbohren und das Wasser mit einem Strohhalm trinken, es schmeckt sehr erfrischend.)

Für die Suppe erhitzt ihr in einem Topf die Kokosmilch. Gebt etwas Salz, Zucker, die Currypaste sowie den Limettensaft und etwas abgeriebene Limettenschale dazu.

Während die Suppe im Topf bei geringer Hitzezufuhr zieht, schneidet ihr die Paprika in Viertel und die Kartoffel in große, dünne Scheiben. Mit euren Ausstechern oder den Schablonen von S. 92/93 stecht ihr jetzt kleine Fische oder Bären aus. Die Gemüsefiguren salzt und pfeffert ihr und bratet sie in einer Pfanne von beiden Seiten zwei Minuten an.

Probiert die Suppe und prüft, ob ihr ein bisschen nachwürzen müsst. Dann füllt ihr sie in die Kokosnusshälften.

Die Gemüsefiguren lasst ihr in der heißen Suppe ein schönes Bad nehmen und fertig ist der verrückte Kokosgenuss!

Damit geht's auf die Palme:

- ≈ 2 Kokosnüsse
- ≈ 1/2 l Kokosmilch, ungesüßt (aus der Dose)
- ≈ Salz, Zucker
- ≈ 1 gestr. EL gelbe Currypaste
- ≈ 1 Limette, unbehandelt
- ≈ 3 Paprika (rot, gelb, grün)
- ≈ 1 große Kartoffel
- ≈ Pfeffer

Für 4 kleine Matrosen

Babybäreneinfach

Vorsicht beim Teilen der Kokosnuss und beim Schneiden und Kochen!

Dauert nur 20 Minuten

Die Prinzessin auf der Kokosnuss

Dass man mit der leckeren Kokosmilch viele schmackofatziöse Gerichte kochen kann, wisst ihr ja schon! Aber hättet ihr gedacht, dass man auf Kokosnüssen auch schlafen kann? Die Fasern der Nuss werden nämlich in vielen Ländern für Matratzen verwendet!

An Land

Auf zu neuen Ufern, denn an jedem Hafen wartet leckere Beute auf uns. Aber Vorsicht, lasst sie euch nicht von gestrandeten Piraten vor der Nase wegschnappen!

Schatzinsel

Endlich eine Schatzinsel, die ihr auch ohne Karte findet! Erst einmal spült ihr das Schweinefleisch ab, tupft es trocken und würfelt es daumendick. Dann schält ihr die Zwiebel und schneidet sie in kleine Würfelchen.

Erhitzt jetzt das Öl in einer Pfanne und bratet das Fleisch darin kurz scharf an, bis es von außen goldbraun ist. Dann würzt ihr es mit Salz, Pfeffer und Zucker, gebt die Zwiebelwürfel dazu und schwitzt alles zusammen noch einmal schön an, bis die Zwiebeln glasig sind. Zum Schluss gebt ihr das Tomatenmark in die Pfanne und röstet es unter ständigem Rühren kurz braun an. Dann fügt ihr den Szechuan-Pfeffer hinzu, löscht mit der Cola ab und lasst alles 30 Minuten mit Deckel köcheln. In dieser Zeit kocht ihr die Bandnudeln in Salzwasser nach Packungsanleitung.

Jetzt könnt ihr einen Topf mit Wasser und etwas Salz aufsetzen und zum Kochen bringen. Die Schatzkisten schnitzt ihr aus den Kartoffeln und lasst sie im Salzwasser garen. Testet nach etwa 15 Minuten vorsichtig mit einer Gabel, ob die Kartoffeln schon weich sind. Sie sollten noch ein wenig Biss haben, wenn ihr sie rausfischt. Das heiße Wasser könnt ihr noch für das Gemüse verwenden. Damit der Schatz auch schön goldbraun glänzt, erhitzt ihr in einer Pfanne etwas Öl und bratet die Schatzkisten darin an.

Euren Perlenschatz formt ihr mit einem kleinen Perlenausstecher. Falls ihr keinen habt, könnt ihr das Gemüse auch erst in Scheiben schneiden und dann kleine Kreise ausstechen. So versteckt ihr in eurer Schatzkiste statt Perlen Gemüsegoldstücke. Die Perlen oder Taler kocht ihr kurz in Salzwasser und schmeckt sie mit Butter, Salz und Pfeffer ab.

Zuerst gebt ihr die Nudeln, dann das Fleisch und zum Schluss die Schatzkisten mit den Perlen auf die Teller. Auf die Schätze, fertig, los!

Damit findet ihr den Schatz:

für die Insel (Bandnudeln mit Ragout):

≈ 400 g Schweinefleisch aus der Unterschale
≈ 100 g Zwiebeln
≈ 2 EL Öl
≈ Salz, Pfeffer
≈ Zucker
≈ 1/2 EL Tomatenmark
≈ 1 Messerspitze Szechuan-Pfeffer
≈ 200 ml Cola
≈ 300 g Bandnudeln oder Nudelteig (➤ S. 90)

für den Schatz (Gemüse und Kartoffeln):

≈ 4 große festkochende Kartoffeln
≈ etwas Öl
≈ 1 Karotte
≈ 1 Zucchini oder anderes Gemüse, das ihr besonders mögt
≈ 1 EL Butter
≈ Salz, Pfeffer

⚓ Für 4 kleine Matrosen

! Vorsicht beim Schneiden und Braten!

🕒 Braucht etwas Zeit, ca. 1 Stunde

Mein Schatz!

Piraten und Schatzsuche gehören zusammen wie Salz und Pfeffer. Die berühmteste Schatzsuche hat der Engländer Robert Louis Stevenson aufgeschrieben. Sie handelt von dem Schiffsjungen John Hawkins, der sich gemeinsam mit ein paar nicht so freundlichen Piraten auf den Weg zu einer Insel machte, um einen versteckten Schatz zu finden. Das Ende verraten wir aber nicht ... Kennt ihr noch mehr Schatzsucher und Piraten?

Palmenschnitzel auf Kartoffelinsel

Als Erstes werden die Schnitzel richtig platt gemacht! Dafür klopft ihr das kalt abgespülte und mit Küchenkrepp abgetupfte Fleisch mit einem Fleischhammer oder der Unterseite eines kleinen Topfes schön dünn. Aber Vorsicht: Nicht auf den Daumen hauen! Würzt das Fleisch mit etwas Salz, Pfeffer und Zucker. Dann legt ihr den gekochten Schinken und den Käse auf das Fleisch, rollt es schön fest darin ein und legt die Schnitzel beiseite.

Bevor ihr mit dem Frittieren beginnt, werden für den Inselstrand erst einmal ordentlich Kartoffeln geschält. Die geschälten, abgespülten und gewürfelten Kartoffeln gebt ihr in Salzwasser, stellt sie auf den Herd und kocht sie etwa 20 Minuten schön weich. Anschließend lasst ihr sie abtropfen und stampft sie mit einem Kartoffelstampfer zu Brei. Dann gebt ihr Milch und Butter dazu, mixt alles gut durch und schmeckt mit Salz und Muskat ab.

Jetzt geht es ans Panieren. Dafür bereitet ihr drei Teller vor. Einen mit Mehl, einen mit 2 verquirlten Eiern und einen mit Paniermehl. Nun die gerollten Schnitzel erst im Mehl, dann im Ei und zum Schluss im Paniermehl wälzen.

Als Nächstes erhitzt ihr eine große Pfanne mit sehr viel Öl und gebt vorsichtig die gerollten Schnitzel hinein. Wenn ihr eine Fritteuse habt, ist das noch besser, denn dann kann nichts spritzen. Das Fleisch circa 10 Minuten von beiden Seiten im Öl backen.

Schneidet für die Palmblätter von der Zucchini dünne Streifen ab und legt diese beiseite. Für die Inselbewohner schneidet ihr Zucchini, Paprika und Karotten in dünne Scheiben und stecht eure Lieblingsfiguren aus (Schablonen auf S. 92/93).

Damit kommt ihr zur Insel:

für den Palmenstamm (Cordon bleu):

≈ 4 dünne Schnitzel á 80 g
≈ Salz, Pfeffer, Zucker
≈ 4 Scheiben gekochter Schinken
≈ 4 Scheiben Käse (z. B. Butterkäse)
≈ Mehl
≈ 2 Eier
≈ Paniermehl
≈ Öl zum Frittieren

für den Strand (Kartoffelpüree):

≈ 600 g Kartoffeln
≈ 300 ml Milch
≈ 70 g Butter
≈ Salz, Muskatnuss (gerieben)

für die Palmenblätter und Inselbewohner (Gemüse):

≈ 1 Zuchini
≈ 1 Paprika
≈ 1 Karotte oder was ihr sonst noch so an Gemüse gerne esst
≈ Salz, Pfeffer
≈ Zucker
≈ etwas Öl

⚓ Für 4 hungrige Matrosen

! Vorsicht beim Schneiden und Frittieren!

🕒 Dauert etwa 30 Minuten

Würzt die Figuren mit Salz, Pfeffer und Zucker und bratet sie in einer Pfanne mit Öl an. Die Zucchini-Palmblätter dünstet ihr ebenfalls kurz an.

Jeder kann jetzt seine eigene kleine Insel bauen: Einfach den Kartoffelbrei als Insel auf einem Teller verteilen und das Cordon bleu als Stamm senkrecht in die Mitte stellen. Die Zucchinistreifen als Palmenblätter auf den Stamm setzen und die Inselbewohner unter die Palme legen.

Und kleine Matrosen, seid ihr schon reif für die Insel?

Freche Strandwürmer

Für euren Strand schneidet ihr zuerst aus dem Gemüse kleine „Kieselsteine“, die ihr mit einer guten Prise Salz und Zucker bestreut und ordentlich durchmischt. Dann füllt ihr den trockenen Couscous in einen großen Topf, gebt das Currypulver, etwas Salz und Pfeffer dazu und röstet alles bei starker Hitze etwa 2 Minuten an. Rührt dabei ständig um, damit es nicht anbrennt! Gebt 400 ml kochendes Wasser zum Couscous, nehmt ihn vom Herd und lasst ihn zugedeckt circa 5 Minuten quellen.

Jetzt gebt ihr eure Gemüse-Kiesel vom Anfang mit zum Couscous-Sand und lasst alles 4 Minuten bei kleiner Hitze ziehen. Vermengt nun die Mischung nochmal gut mit dem Olivenöl, der Limettenschale und dem Limettensaft. Fertig ist euer Strand!

Fehlen nur noch unsere Würmchen: Schneidet die Minutensteaks in 1 cm dicke Streifen und bratet sie in einer heißen Pfanne mit Öl unter Rühren etwa 1 Minute rundherum an. Danach salzt und pfeffert ihr die Fleischstreifen und vermischt sie mit den Schnittlauchröllchen.

Gebt den Gemüse-Couscous jetzt als Sand auf einen großen Teller oder eine Platte und verteilt das Fleisch als Würmer im Sand. Und jetzt schnell anfangen zu essen – der frühe Matrose fängt den Wurm!

TIPP: Mit etwas Mayonnaise und einer Spritztüte (➶ S. 91) könnt ihr den Strandwürmern lustige Gesichter malen.

Damit geht's an den Strand:

für den Strand:

- 4 Frühlingszwiebeln
- 2 Karotten
- 1 Paprika
- 4 EL Mais
- Salz, Zucker
- 400 g vorgegarter Couscous
- Pfeffer
- 1 TL Currypulver
- 50 ml Olivenöl
- Abrieb von 1/2 unbehandelten Limette
- Limettensaft von 1 Limette

für die Strandwürmer:

- 2 Minutensteaks (Rind)
- Olivenöl
- Salz, Peffer
- Schnittlauch, in feinen Röllchen

Für 4 kleine Matrosen

Babybäreneinfach

Vorsicht beim Schneiden und Braten!

Dauert etwa 25 Minuten

Kuss Kuss?!

Couscous ist ein Grieß aus Weizen, Gerste oder Hirse. Er kommt aus Nordafrika und wird dort schon sehr lange als Beilage zu Fisch, Fleisch und Gemüse gegessen. Ein bisschen so wie Kartoffeln bei uns in Deutschland. Seefahrer brachten dieses Gericht von ihren Reisen mit nach Europa und so wurde es auch bei den Menschen hier sehr beliebt. Nicht verwechseln solltet ihr Couscous mit Bulgur. Der kommt nämlich aus dem ostarabischen Raum und wird aus größeren Hartweizen-Körnern hergestellt. Lecker schmecken tun sie aber beide!

Lecker-Leuchtturm

Um einen leckeren Leuchtturm zu bauen, müsst ihr gar nicht erst in Seenot geraten. Ihr schneidet einfach die Tomate und den Mozzarella in daumendicke Scheiben und schichtet sie (mit den größten Scheiben beginnend) abwechselnd übereinander.

Für die Spitze schnitzt ihr aus der gewaschenen Salatgurke eine kleine Krone. Für das Licht halbiert ihr die Cocktailtomate und setzt ganz oben eine Hälfte auf. Für die Fenster schneidet ihr kleine Kreise aus der abgewaschenen Gurkenschale oder den Basilikumblättern aus oder ihr malt sie mit Balsamicocreme.

Aus den Resten könnt ihr zusätzlich eine kleine Insel, ein Strandhäuschen oder eine Düne bauen. Vor dem Essen mit Salz, Pfeffer, etwas Olivenöl und eventuell noch ein bisschen Balsamicocreme würzen.

Damit geht's auf den Leuchtturm:

≈ 1 große Tomate
≈ ca. 200 g Mozzarella
≈ 1 kleine Salatgurke
≈ 1 Cocktailtomate
≈ Balsamicocreme
≈ Basilikumblätter
≈ Salz, Pfeffer
≈ Olivenöl

Ergibt 1 Lecker-Leuchtturm mit Haus für 2 kleine Matrosen

Babybäreneinfach

! Vorsicht beim Schneiden!

Dauert nur 10 Minuten

Licht in Sicht!

An der deutschen Nord- und Ostseeküste könnt ihr viele Leuchttürme entdecken. Mal größer, mal kleiner, mal breiter, mal länger. Vor allem bei Nacht sind sie sehr wichtig, um Schiffen bei der Orientierung zu helfen und vor gefährlichen Stellen im Wasser zu warnen. Als es noch kein elektrisches Licht gab, wurden Fackeln und kleine Feuer in den Leuchttürmen angezündet. Für die Bewachung des Feuers war lange Zeit der Leuchtturmwärter zuständig. Seid ihr schon mal einem begegnet?

Alles Käse oder was?!

Findet ihr auch, dass Mozzarella nach nix schmeckt? Stimmt aber nicht, man muss ihn nur mit den richtigen Beilagen essen. Besonders lecker ist er auf der Pizza oder nur mit Tomaten und Basilikum. Ursprünglich kommt der Mozzarella aus Italien und wird aus Büffelmilch hergestellt, der Mozzarella aus dem Supermarkt ist aber meistens aus Kuhmilch. Habt ihr schon einmal einen echten Büffelmozzarella probiert? Fragt doch mal eure Eltern, ob sie für den Leuchtturm einen echten kaufen! Der schmeckt ganz bestimmt nicht nach nix!

Seesäckchen

Bevor ihr euch an die Füllung macht, weicht ihr die Bambusblätter für die Seesäckchen circa 1 Stunde in lauwarmem Wasser ein.

In der Zwischenzeit kocht ihr den Reis nach Packungsanleitung. Das Fleisch spült ihr ab, tupft es trocken und schneidet es in kleine Stücke. Das Gleiche macht ihr mit dem gewaschenen Gemüse. Zuerst bratet ihr das Fleisch in heißem Öl scharf an und löscht es mit Sojasauce ab. Dann gebt ihr das klein gewürfelte Gemüse und den Mais dazu und schwitzt es 1 bis 2 Minuten an.

Zum Schluss kommen die gehackten Kräuter mit dem gekochten Reis in die Pfanne. Alles zusammen würzt ihr mit Salz, Pfeffer und etwas Zucker. Besonders mutige Weltenbummler geben noch ein bisschen Madras-Curry dazu.

Jetzt tupft ihr die eingeweichten Bambusblätter ab und legt sie über Kreuz. Gebt jeweils eine kleine Kelle von der Reispfanne auf die Mitte der gekreuzten Blätter, wickelt die Portionen gut ein und verschnürt die Päckchen mit den Bindfäden wie kleine Geburtstagsgeschenke.

Die Säckchen müssen jetzt 12 Minuten über heißem Wasser gedämpft werden. Dann könnt ihr sie auf die Teller verteilen und euren Proviant essen!

TIPP: Die Füllung der Seesäckchen könnt ihr auch kalt als Reissalat mit etwas Zitronensaft essen!

Damit packt ihr euer Seesäckchen:

für die Seesäckchen:

- 8 Bambusblätter
- 4 Bindfäden

für den Proviant (Füllung):

- 200 g Basmatireis
- 150 g Fleisch (Kalb oder Schwein)
- 1 rote Paprika
- 10 Zuckerschoten
- 1 EL Olivenöl
- 1 Spritzer Sojasauce
- 3 EL Mais
- 2 EL Petersilie, gehackt
- 2 EL Schnittlauch, gehackt
- Salz, Pfeffer
- Zucker
- Madras-Curry

⚓ Für 4 hungrige Matrosen

! Vorsicht beim Schneiden und Kochen!

🕒 Braucht ein bisschen Zeit, ca. 1 Stunde

Gestrandeter Pirat

- Die Hackfleischmasse für den Piraten macht ihr genauso wie für den Mettungsring. Hätte unser Pirat so einen gehabt, dann wäre er auch nicht gestrandet! Heizt schonmal den Ofen auf 200 °C vor.

- Wenn die rohe Hackfleischmischung fertig ist, formt ihr für jeden Piraten einen Bauch (große ovale Kugel), einen Kopf (kleines Fleischbällchen) und die Arme und Beine (jeweils zwei Röllchen).

- Legt nun die Hackfleischteile auf einem Blech mit Backpapier zu einem Piraten zusammen und tröpfelt noch etwas Öl darüber. Der Pirat wird dann im Backofen 30 Minuten gebraten.

- In der Zwischenzeit kocht ihr die Polenta nach Packungsanleitung und verteilt sie auf den Tellern. So habt ihr einen prima Sandstrand für euren Piraten.

- Die Karotte und den Lauch schneidet ihr in dünne Streifen und legt daraus die Badehose und die Strandmatte eures Piraten. Die Augenklappe und das Schwert könnt ihr aus einem Stück Salatgurke oder Aubergine legen.

- Dazu schmeckt besonders gut die Meerestunke (S. 86/87) und das Salatbötchen-Brötchen (S. 20/21), mit dem ihr den Piraten von der einsamen Insel in euren Mund retten könnt!

Damit lasst ihr euren Piraten stranden:

Schau beim Mettungsring auf S. 20/21 – hier braucht ihr dieselben Zutaten!

Außerdem:

≈ 200 g vorgegarte Polenta (➤ S. 90)
≈ 1 Stange Lauch
≈ 1 Karotte
≈ 1 Stück Salatgurke oder Aubergine

Für 4 kleine Matrosen

Babybäreneinfach

Vorsicht beim Schneiden und Braten!

Dauert ca. 40 Minuten

Harr, Harr, Harr!

Über welche Fische können Piraten lachen?
Natürlich über Clownfische!

Erdbären und Seebären im Joghurt-Bad

Wenn ihr Eisbären sehen wollt, müsst ihr einfach nur Käpt'n Knopfs Lieblingssüßigkeit selber machen! Als Erstes weicht ihr die Gelatineblätter für die beiden Eissorten ein (S. 89).

Für das Erdbäreis spült ihr in der Zwischenzeit die Erdbeeren gründlich ab und viertelt sie. Dann wascht ihr die Orange heiß ab und reibt sie trocken. Die abgeriebene Schale und den Saft der Orange gebt ihr über die Erdbeeren und fügt Honig und Schmand zu. Das Ganze mischt ihr mit einer Gabel durch. Drückt dabei die Erdbeeren etwas an, sodass der Saft nach außen tritt. Wenn ihr es lieber mögt, könnt ihr die Erdbeerstückchen auch größer lassen.

Für das Seebäreis füllt ihr den Joghurt in eine Schale. Dann wascht ihr die Limette heiß ab und reibt sie trocken. Die abgeriebene Schale und den Saft der Limette rührt ihr zusammen mit dem Zucker in den Joghurt.

Wenn die Gelatine weich ist, gießt ihr das kalte Wasser ab und gebt sie in einen kleinen Topf, den ihr auf dem Herd vorsichtig bei geringer Hitze erwärmt. Dabei wird die Gelatine flüssig. Gießt die Hälfte der Gelatine in die Erdbeermasse und mischt alles sorgfältig durch. Die andere Hälfte kommt zur Joghurtmasse, die ihr ebenfalls gründlich durchmischt.

Legt jetzt zwei breite, flache Schalen mit Klarsichtfolie aus und gießt in eine die Erdbeer- und in die andere die Joghurt-Masse. Die Schalen stellt ihr über Nacht ins Gefrierfach.

Damit wird's bärig:

für das Erdbäreis:
- 2 Blatt Gelatine
- 500 g Erdbeeren, geputzt
- 1 Orange, unbehandelt
- 4 EL Honig
- 200 ml Schmand

für das Seebäreis:
- 2 Blatt Gelatine
- 500 g Naturjoghurt (3,5 %)
- 1 Limette, unbehandelt
- 100 g Zucker

für das Joghurtbad:
- 3 Scheiben Ananas
- 6 EL Müsli
- Saft einer Limette
- 250 g Naturjoghurt (3,5 %)
- 3 EL Honig

Für 4 hungrige Matrosen

Vorsicht beim Schneiden!

Süßseespeise

Das Eis muss über Nacht gefrieren, dann dauert es nur noch 20 Minuten.

Am nächsten Tag zerteilt ihr das gefrorene Eis in grobe Stücke. Gebt sie getrennt voneinander in einen Mixer und häckselt sie klein. Verteilt die Masse dann wieder auf flachen Tellern oder einem Arbeitsbrett und stecht jetzt mit Ausstechern oder Schablonen (S. 92/93) eure See- und Erdbären aus. Legt die Eisfigürchen bis zum Servieren noch einmal ins Gefrierfach.

Jetzt fehlt nur noch das Joghurt-Bad für eure Bären: Dafür schneidet ihr die Ananas in kleine Würfel und verrührt sie mit allen weiteren Zutaten. Das Joghurt-Bad auf Dessertschüsselchen verteilen, die Bären hinein und auf zum Nasch-Pol!

Waikiki-Beach-Bar

Käpt'ns Colada
Alle Zutaten miteinander vermixen und in ein Glas mit Eiswürfeln geben. Fertig!

Smutji
Alle Zutaten in einen großen Mixer geben, durch ein Sieb passieren und in ein hübsches Glas gießen. Durst ahoi!

Caibäriña
Als Erstes achtelt ihr die drei Limetten und zerstampft sie zusammen mit dem braunen Zucker. Dann Minze, Eis und Sprite dazu und alles gut verrühren! Saúde! (Das heißt „Prost" auf Portugiesisch.)

Damit geht's an die Beach-Bar:

Käpt'ns Colada
- 100 g Ananasfruchtfleisch
- 1 EL Honig
- Saft von 1/2 Limette
- 4 cl Orangensaft
- 6 cl Kokosmilch
- Eiswürfel

Smutji
- 100 g Wassermelone
- 1/2 TL Vanillezucker
- Saft von 1/2 Limette
- 1 EL Honig
- 4 cl Sprite
- 50 g Johannisbeeren
- Abrieb von 1/2 unbehandelten Orange

Caibäriña
- 2 Limetten
- 3 EL brauner Zucker
- Minzblätter
- Eiswürfel oder Crushed Eis
- 250 ml Sprite

Für jeweils 1 Drink

Babybäreneinfach

Vorsicht beim Schneiden!

Nur 10 Minuten pro Drink

Alle Dips an Deck!

Damit ihr immer leckere Dips an Bord habt, haben wir hier ein paar Rezepte gesammelt. Sie passen toll zu den leckeren Gerichten, die sich Stefan und Käpt'n Knopf für euch ausgedacht haben, z. B. zum Sternenhimmel, zu Fish & Chips oder zum Mettungsring. Sucht euch einfach einen aus und mixt alle Zutaten mit dem Mixer oder mit einer kleinen Gabel in einer Schüssel zusammen!

Übrigens: Wusstet ihr, dass es „Dippen" auch auf einem Schiff gibt? Dort bedeutet es allerdings, dass ein Schiff ein anderes grüßt, indem es seine Flagge zur Hälfte senkt.

Mediterrane Mayo

≈ 3 EL Mayo
≈ 3 EL Crème fraîche
≈ 1 EL Senf
≈ 1 EL Honig
≈ 2 EL Gartenkräuter

Rotes-Meer-Tunke

≈ 3 EL Mayo
≈ 3 EL Jogurt
≈ 2 EL Ketchup
≈ Salz, Pfeffer
≈ etwas Zitronensaft
≈ 2 kl. Tomaten, fein gewürfelt

Kräutercreme

≈ 6 EL Crème fraîche
≈ Salz
≈ Zucker
≈ etwas Zitronensaft
≈ 2 EL Gartenkräuter

Südstaatendip

≈ 1 Banane, zerdrückt
≈ 3 EL Mais und etwas Saft aus der Dose
≈ 1 TL Curry
≈ Salz, Pfeffer
≈ 1 Limette
≈ 5 EL Schmand

Klabautersauce

≈ 1 Apfel, geschält, entkernt und geviertelt
≈ 1 Stange Sellerie mit Grün, feingewürfelt (das Grün gehackt)
≈ 1 Handvoll Basilikumblätter
≈ Saft und Abrieb von 1/2 Orange, unbehandelt
≈ 2 EL Olivenöl
≈ 2 EL Honig
≈ Salz, Pfeffer

Küchenkompass

In den Rezepten findet ihr hinter manchen Begriffen dieses Symbol ◁.
Diese und andere Begriffe werden in unserem Küchenkompass erklärt.

Anschwitzen
Wenn ihr Gemüse nur kurz in wenig Fett und bei geringer Hitze erwärmt, dann nennt man das Anschwitzen. Dabei „schwitzt“ das Gemüse seine Flüssigkeit aus und wird langsam weich. Beim Anschwitzen müsst ihr immer darauf achten, regelmäßig umzurühren.

Al dente
„Al dente“ ist italienisch und heißt übersetzt „bissfest“. Vor allem Hartweizen-Nudeln schmecken lecker, wenn sie noch „al dente“, also noch nicht ganz weich gekocht sind. Auch viele Gemüsesorten schmecken besser, wenn sie noch ein wenig Biss haben.

Blanchieren
Blanchieren ist das kurze Eintauchen (nur 10 bis 30 Sekunden) von Gemüse in kochendes Wasser. Nach dem Blanchieren schreckt man das Gemüse kurz in Eiswasser ab, dann gart es nicht weiter nach und bleibt schön bunt und knackig!

Dünsten
Beim Dünsten wird das Essen mit sehr wenig Flüssigkeit und etwas Fett erhitzt. Die Flüssigkeit stammt oftmals nur aus der zubereiteten Speise selbst, wie zum Beispiel der Saft aus Fleisch oder Gemüse.

Garen
Genau genommen ist Garen jede Form des Kochens. Wir verwenden den Begriff hier allerdings, wie er auch umgangssprachlich von den meisten Köchen benutzt wird: als schonendes Kochen mit wenig Flüssigkeit.

Gelatine verarbeiten
Blattgelatine muss immer eingeweicht werden, bevor man sie verwendet. Das geht so: Ihr legt die Gelatine in reichlich kaltes Wasser. Wenn die Gelatineblätter weich sind, drückt ihr sie aus und löst sie im Wasserbad oder bei geringer Hitzezufuhr in einem Topf auf.

Kombüse
Kombüse heißt die Küche auf einem Schiff, in der der Smutje – der Schiffskoch – arbeitet. Früher waren Kombüsen oft klein, und dort wurden viele Kartoffeln geschält. Heute gibt es auf großen Passagierschiffen riesige Kombüsen, in denen Speisen aus aller Herren Länder zubereitet werden.

Marinieren

Wenn die Menschen früher Speisen in Salzlake eingelegt haben, um sie für lange Seefahrten haltbar zu machen, dann nannte man das Marinieren. Wenn ein Koch heute etwas mariniert, dann legt er meist Fleisch oder Fisch in eine würzende, manchmal säuerliche Flüssigkeit ein. Dadurch ziehen Gewürze und Aromen tief in die Speise ein und machen sie aromatischer und zarter.

Nudelteig

Für alle geübten Koch-Kapitäne, die ihren Nudelteig gerne selber machen wollen:

200 g Mehl
1 bis 2 Eier
etwas geriebene Muskatnuss
1 TL Rapsöl

Gebt Mehl, Ei(er), ein wenig Salz, geriebene Muskatnuss und ein bisschen Rapsöl in eine große Schüssel. Knetet alles mit den Händen gut durch, sodass ein gleichmäßiger Teig entsteht. Schlagt den Teig nun in Frischhaltefolie ein und lasst ihn ca. 30 Minuten ruhen. Danach rollt ihr den Teig mit einem Nudelholz dünn aus und schneidet ihn in die gewünschte Form.

Passieren

Man passiert Saucen, Suppen oder Früchte, um sie von groben Stückchen oder Schalen wie z. B. den kleinen Kernen von Johannisbeeren zu befreien. Dafür gibt es spezielle Passiersiebe, die besonders fein sind und in denen selbst die kleinsten Teilchen hängen bleiben.

Polenta

Polenta ist ein fester Brei aus Mais-Grieß, der vor allem im Norden Italiens und in der Provence zur regionalen Küche gehört. Die Zubereitung dauert ein wenig, weil der Brei erst in Salzwasser aufgekocht und dann ziemlich lange gerührt werden muss. Inzwischen gibt es aber auch vorgegarte Polenta zu kaufen. Besonders lecker schmeckt Polenta mit Parmesan und Butter.

Ragout

Ein Ragout ist ein Gericht aus kleinen Fleisch- oder Fischwürfeln mit verschiedenen Zutaten in einer würzigen Sauce. Es gibt verschiedene Varianten von Ragout, und mindestens eine kennt ihr auch: das Gulasch.

Reduzieren

Wenn eine Sauce zu flüssig ist, dann könnt ihr sie einfach weiter köcheln lassen, damit Flüssigkeit verdampft und die Sauce konzentrierter und eventuell auch dickflüssiger wird. Das Verdampfen von Flüssigkeit nennt man Reduzieren.

Spritztüten bauen

Mit einer Spritztüte könnt ihr Gerichte und Nachspeisen dekorieren. Dafür müsst ihr nur aus Backpapier ein gleichmäßiges Dreieck schneiden und das Dreieck aufrollen, sodass die Spitze der Tüte vollständig geschlossen ist. Dann mit etwas Tesafilm die Naht verkleben. In die Spritztüte könnt ihr flüssige Schokolade, Schlagsahne (oder eben das, womit ihr gerade dekorieren wollt) füllen. Dann verschließt ihr sie oben, indem ihr den Rand mehrfach faltet. Vorher drückt ihr die Luft vollständig aus der Tüte. Dann müsst ihr nur noch mit einer Schere die Spitze der Tüte abschneiden – und fertig ist eure Spritztüte!

Szechuan-Pfeffer

Szechuan-Pfeffer wird oft auch Bergpfeffer, Japanischer Pfeffer oder Chinesischer Pfeffer genannt. Die Pflanze stammt aus der Provinz Szechuan in China und liefert ein sehr scharf schmeckendes Gewürz, das nicht mit unserem normalen schwarzen Pfeffer verwandt ist.

Tatar

Tatar wird – so ähnlich wie Mett – aus rohem Rindfleisch gemacht. Der einzige Unterschied ist, dass es noch viel feiner zerkleinert wird. Außerdem kann man Tatar auch aus Lachs oder anderem Fisch machen, so wie bei unserem Moby Dick.

Wasserbad

Mit einem Wasserbad könnt ihr Speisen erwärmen, die nicht direkt mit Wasser in Berührung kommen sollen. Dafür füllt ihr Wasser in einen großen Topf und stellt einen kleinen Topf oder eine Blechschüssel hinein. Wenn ihr das Wasser nun erhitzt, wird der kleine Topf von außen warm, ohne dass Wasser hineinschwappt. Im kleinen Topf könnt ihr dann zum Beispiel Schokolade oder Kuvertüre ganz einfach schmelzen.

Falls ihr keine Ausstecher zu Hause habt, bastelt ihr euch mit diesen Seiten einfach welche aus Pergamentpapier. Dafür das Pergamentpapier auf die Zeichenvorlagen legen, die Figuren durchpausen und dann aus dem Pergamentpapier ausschneiden. Diese Vorlagen legt ihr wie Ausstecher auf eure Frucht- oder Gemüsescheiben und schneidet die Figuren den Kanten entlang aus.

CAVIAR
CAVIAR

Rezeptregister

Impressum

Ein gemeinsames Projekt von Stefan Marquard und Hapag-Lloyd Kreuzfahrten GmbH, Hamburg

Idee & Rezepte: Stefan Marquard, Wolfgang Müller
Fotografie: Florian Bolk, Berlin
Styling: Florian Bolk, Vera Schüler
Konzeption: Stefan Marquard, Wolfgang Müller, Pessi Schmitt und Natalie Palandt, Mhoch4, Hamburg
Texte: Pessi Schmitt, Mhoch4, Hamburg
Lektorat und redaktionelle Betreuung: Viola Pusceddu, Hampp Verlag, Stuttgart
Gesamtherstellung: Hampp Media GmbH, Stuttgart
Satz, Layout und Umschlaggestaltung: COMMUNICATE Werbeagentur GmbH, Stuttgart
Druck und Bindung: Strube Druck & Medien OHG, Felsberg

Wir bedanken uns insbesondere bei Wolfgang Müller, ohne den das Buch nicht möglich gewesen wäre, bei der Kochbox Berlin und allen Kindern!

Bildnachweis
Illustrationen: Katrin Engelking (Käpt'n Knopf in allen Varianten, Rettungsring, Seestern, Fernrohr, Muschel, Kompass, Deck mit Reling u. Boden, Kordel, Eisbär, Flaschenpost, Pergamentrolle, Schatzkarte), Peter Nieländer (MS EUROPA, MS EUROPA 2, Möwe, Meer, Himmel), Sonja Bär (Palstek-Knoten, Heißluftballons, Wolken, Schablonen S. 92/93), Doro Swinke (Pizzastück, Papierschiffchen), Andrea Burk (Stefan Marquard-Illustration), die bildbeschaffer/shutterstock.com (Fische), Sundra/shutterstock.com (Anker, Schnecke, Ensemble aus Muscheln, Flaschenpost und Schnecke), zhline/shutterstock.com (Cocktail-Schirmchen)

Fotos Vera Schüler: Umschlag Vorderseite (unten rechts), Umschlag Rückseite (Käpt'n Knopf links), S. 2, S. 88.

Printed in Germany

ISBN: 978-3-942561-20-4

Hallo kleine Matrosen und Koch-Kapitäne, ich heiße Knopf!

Meinen Bruder Käpt'n Knopf kennt ihr ja schon. Er ist wie ich im Steiff Museum in Giengen geboren und wenn er von seinen Reisen zu Besuch kommt, gibt es immer eine Riesenfete – und nicht nur dann! Wenn ihr euch das lustige Treiben hier einmal selbst anschauen wollt, könnt ihr mich und viele Kuschelfreunde im Steiff Museum besuchen kommen. Vielleicht hat Käpt'n Knopf ja auch gerade Landgang...

Wenn ihr gerade nicht mit dem Schiff unterwegs seid und trotzdem exotische Tiere sehen wollt, dann geht einfach auf
www. steiff. com
Dort könnt ihr viele kuschelige Freunde von Käpt'n Knopf und Knopf kennenlernen!
Steiff
Margarete Steiff GmbH, Richard-Steiff-Str. 4, 89537 Giengen an der Brenz